美丽乡村建设关键技术丛书
国家科技支撑计划项目
"长三角快速城镇化地区美丽乡村建设关键技术综合示范"研究成果

生态养生型美丽乡村建设技术

傅大放　闵鹤群　朱腾义　著

东南大学出版社
SOUTHEAST UNIVERSITY PRESS
·南京·

内 容 简 介

本书基于国家科技支撑计划项目"长三角快速城镇化地区美丽乡村建设关键技术综合示范"的相关研究成果,针对目前我国人口老龄化加剧、城市人口向农村的逆向流动、美丽乡村建设中出现的自然生态破坏退化等情况,从乡村养生的角度首次系统介绍了空间、植物、铺装、水体、小品等建设要素,给出了农房改造、水系整治、污水处理、景观营造、节能降噪等建设措施,并列举了相关典型案例。

本书可供乡村规划建设相关的工程建设人员,高校市政工程专业的本科生、硕士生参考使用。

图书在版编目(CIP)数据

生态养生型美丽乡村建设技术/傅大放,闵鹤群,朱腾义著. —南京:东南大学出版社,2018.6
 ISBN 978-7-5641-7778-2

Ⅰ. ①生… Ⅱ. ①傅… ②闵… ③朱… Ⅲ. ①城乡建设—研究—中国 Ⅳ. ①F299.21

中国版本图书馆 CIP 数据核字(2018)第 104335 号

生态养生型美丽乡村建设技术

出版发行:东南大学出版社
社　　址:南京市四牌楼 2 号　　邮编:210096
出 版 人:江建中
网　　址:http://www.seupress.com
电子邮箱:press@seupress.com
经　　销:全国各地新华书店
印　　刷:南京工大印务有限公司
开　　本:700 mm×1000 mm　1/16
印　　张:10.5
字　　数:150 千字
版　　次:2018 年 6 月第 1 版
印　　次:2018 年 6 月第 1 次印刷
书　　号:ISBN 978-7-5641-7778-2
定　　价:50.00 元

本社图书若有印装质量问题,请直接与营销部联系。电话(传真):025-83791830

前　言

党的十八大报告指出,把生态文明建设放在突出地位,融入经济建设、政治建设、文化建设、社会建设各方面和全过程,努力建设"美丽中国",实现中华民族永续发展。在新型城镇化背景下,探索美丽乡村的发展之路是全面实现"美丽中国"、建设生态文明的关键之一,唯有全力推进美丽乡村建设来促进城乡一体化发展,才能从根本上实现"望得见山水、记得住乡愁"的生态美好的愿景。

近年来,各种社会竞争日益激烈,生活节奏加快,社会矛盾尖锐化,导致人们的心理越来越压抑,而心理健康出现问题极易引发身体疾病等连锁反应。另一方面,城市居民闲暇时间与可自由支配收入的逐渐增加,使得休闲养生不再是少数人的活动行为,其已被部分中等收入阶层和工薪阶层所接受。都市人厌倦了城市的单调生活,向往一种有别于城市生活的自然生活。因此,具有休闲养生功能的自然村落就有了广阔的市场前景。

然而,随着经济迅速发展,城镇化进程加快,自然村落日渐凋零消失,这意味着人们正在逐渐失去原生态的休闲养生场所。保留一定数量的自然村落就显得非常有意义,而且十分迫切。由于生态休闲养生强调生活的调剂、放松,而远离城市的生活环境,亲近自然、原始的乡土味,往往会对乡村品质、生态景观等资源要求相当高,这就需要对保留的自然村落进行生态改造和建设,使其真正满足人们养生的心理需求。

当前,在美丽乡村建设的推动下,乡村休闲旅游业有了突破性发展,已在全国范围内遍地开花,从早期的采摘园、农家乐等逐渐发展成为农舍、观光园以及农业科普旅游基地等。虽然乡村休闲旅游业的发展对我国当前的美丽乡村建设有着不可或缺的推动作用,但它主要是为了让游客感受自然、参与保护自然,同时兼具增加乡村居民经济收入的目的。生态养生型美丽乡村与休闲旅游型美丽乡村虽在表现形式上有相似之处,但在内涵上有本质区别。对美丽乡村建设,在认识层面上,大多仍停留在"搞搞清洁卫生,改善农村环境"的低层次认识上。无论是生态保护型美丽乡村还是休闲旅游型美丽乡村,在建设过程中都是依托当地的自然资源进行开发建设,在全国范围内的数量仍然有限,不能满足城市居民日益增长的对生态养生的需求。从这方面讲,建设一定数量的生态养生型美丽乡村对我国城市良性发展和居民身心健康具有非常重要的意义。而生态养生型美丽乡村建设正处于起步阶段,其建设理念尚未系统成熟,且急需相关技术支持。

本书的编写主要基于国家科技支撑计划项目"长三角快速城镇化地区美丽乡村建设关键技术综合示范"的相关研究

成果,将生态理念和养生理念相融合,以指导乡村生态养生功能的打造和建设为目标,充分借鉴美丽乡村建设已取得的成功经验,针对目前我国农村城镇化建设导致自然村庄衰落凋零、自然生态破坏退化以及现有乡村养生功能严重不足等突出问题,介绍了生态养生型美丽乡村建设的基础理论、技术背景、技术要素以及技术措施,并列举相关集成技术应用示范,对建设生态养生型美丽乡村具有很强的指导意义。

　　本书由东南大学土木工程学院傅大放教授,建筑学院闵鹤群教授以及扬州大学环境科学与工程学院朱腾义讲师共同编写。

　　本书在编写过程中参考、援引了部分与美丽乡村建设技术、生态养生理论等相关的文献内容,在此向有关作者表示衷心的感谢。

　　由于编者水平和编写时间所限,书中难免存在疏漏和错误之处,对相关内容的编排可能不尽合理。恳切地希望广大读者和相关专家批评指正,以便今后修订完善。

编者
2017 年 7 月

目　录

第1章 生态养生型美丽乡村建设基础理论

　　随着社会经济的发展,各种竞争日益激烈,生活节奏加快,社会矛盾尖锐化,导致人们的心理越来越压抑,而心理健康出现问题会引起身体疾病等连锁反应。据调查,我国的抑郁症患者、心理疾病和亚健康等问题人群逐年增多,心理健康问题已成为社会各界共同关注的热点问题,很难在现有的医学条件下彻底解决。然而,大自然是人类生存和发展的物质基础,宜居的自然生态环境能够调节人的心理,缓解各种内心压力,起到养生保健、延年益寿的功效。为此,各式各样的生态养生品牌越来越受到人们的关注。

1.1 乡村生态养生相关概念

1.1.1 生态乡村及乡村生态环境

简单地说,生态就是指一切生物的生存状态,以及生物种类之间和生物种类与其生存环境之间环环相扣的关系。目前,"生态"一词涉及的范围很广,常常被用来定义美好的事物,如健康的、美丽的、和谐的、适宜的事物等。同时,"生态"的内涵和外延也会受特定社会文化背景的影响。

乡村是以自然生态环境为背景,以农民生活聚居地为核心,以农业生产环境为特征,展现并传承乡村特有历史与文化的环境综合体。

目前,对"生态乡村"尚未有统一定义,但多数学者认为生态乡村应该是以建立乡村自然—经济—社会复合生态系统的可持续发展为主要目标,基于农学、生态学、经济学、系统学和社会学等相关科学原理,充分利用农业自然资源(如光、温、水、气、土地、作物、牲畜等)和社会资源(如农业基础设施、农村劳动力等),达到优化乡村经济结构,实现农业高效、农民增收、乡村发展的生态文明建设目标。

乡村生态环境是指以乡村居民为中心的乡村区域范围内各种天然的和经过人工改造的自然因素的总体,包括该区域内的大气、土壤、动植物、道路、交通、建筑物等。

1.1.2　养生

　　养生,即保养生命,其中的"养",指保养、调养和补养,而"生",是指生命、生存及生长。换句话说,就是遵循人的生命发展,借助各种方法、手段,从而达到维护人的健康、延长寿命等目的。广义上讲,养生不仅要考虑个体需求,还要考虑人们的生活环境、生活质量等方面。随着时代的进步,"养生"的含义也在发生变化,现代养生已不仅仅为身体的健康,还要达到外在生理和内在心理双方面的和谐。外在生理层面的养生主要体现在养身、养颜、养老等方面,而内在心理层面的养生主要包括养心、养性、养神。俗话说,"身体是革命的本钱","有健康,才有一切",由此可见养生对人体健康的重要性。中国传统医学将养生的理论称为养生之道,而将养生的方法称为养生之术。

　　养生之道,古来有之,是古人在与大自然做斗争的过程中探索和积累的丰富经验,它强调人与自然之间的和谐,认为万物都孕育着生命,都具有适合其生存的最佳环境,这说明自然环境对人的健康和寿命长短的影响较大。因此,要么主动地适应自然环境的变迁,要么积极主动地改造自然环境,创造适宜的环境,从而提高人们的健康水平,达到养生的目的。

　　而养生之术,具体包括适应四时节令、适应昼夜晨昏养生、适应地理环境养生、日光养生。其中,"适应四时节令"就是在相应的季节或节气下,保持恰当的饮食习惯、心态脾气、活动节奏等,如在春季宜散步慢走,举动和缓,以适应春天的气候,达到养生的目的。"适应昼夜晨昏养生"即要遵循日出而作、日落而息的生活节律,按照白天和黑夜的交替,养成黑夜按时睡觉的习惯,同时保持良好的睡眠,因为睡觉是养生的第一要素,对身体健康非常重要。"适应地理环境养生"就是要尊重人们所生活地区的自然环境、水质环境、空气质量环境甚至人文环境的变化规律,尽量不要破坏这些地理环境要素,做到天人相应,达到延年益寿的目的。"日光养生"就是要求人们经常晒晒太阳,从而促进人们所食微量元素(如钙等)的吸收,进而有利于身心健康,达到养生保健的作用。

1.1.3 生态养生及其环境

根据刘长喜等的《生态养生诠论》,"生态养生"是指在遵循生物自然规律的基础上,对个体生活进行治理、管理或调整的全过程,主要分为对人体自身内环境变化的调养和调整,对疾病的诊治与康复管理,维持人与人、社会生活或工作环境之间的和谐关系,保持人与自然环境或其他生物之间的良性互动。因此,乡村生态养生应是在自然生态环境基础较好的乡村地区,基于养生之道与养生之术,通过对乡村植物、水系和农房等环境的直接利用或低影响改造,达到居住者养生的目的,它是目前城市居民或经济发达地区乡村居民热衷的养生途径之一。

从人生存的角度讲,自然环境是人类赖以生存发展的物质条件以及其所构成外部空间的总和。与自然环境相比,生态养生环境的目标是使生活在其中的人能身心健康、延年益寿,这要求环境中相应的大气、土壤、动植物等要素有益于人的学习、工作或生活。例如,空气应该清新,没有异味、粉尘和飞絮等;植被覆盖应该有相当的面积,且绿色植物要有层次感和映衬效应,能与其他环境要素协调统一;道路应该从其走势、形状、材质、构造甚至表面用色等方面达到与其他环境要素的融合搭配,从而使其不仅仅只具备交通用途。

1.2　养生心理理论

在众多心理学研究中,生态心理学关注人与自然环境的相互作用关系,重视人所处自然环境的价值特征,认为对人的心理和行为的研究必须在与环境的关系中进行考察,人与其所处的环境构成一个生态系统,在该系统中人与环境之间相互作用。因此,从生态心理学的角度看,居民养生心理指人们在养生过程中对养生的内在需求和对外在环境刺激的反应,包括环境心理、色彩心理和行为心理等。搞清居民养生心理,对于生态养生型美丽乡村建设具有重要指导意义。

1.2.1　环境心理

环境心理学主要研究人的心理行为与环境之间的关系。一般认为,处在特定场所的个体,首先会对环境信息进行知觉判断,形成相对稳定明确的环境意象,然后在环境反复不断的作用下形成指导相应行为的成熟意识,最终在该环境下表现出由个体心理引导的环境行为。换句话说,环境心理学关注的是人内在的心理过程,包括感觉、知觉、认知等。当处在特定环境中时,个体必然会与环境发生相应的关系。环境因素,如形状、颜色、材质、光线、气味和声音等均会对人的心理产生影响,使人通过感官来感受环境,进而产生知觉、注意、表象、记忆、思维等一系列相互关联的信息处理过程。

因此,生态养生型美丽乡村建设应该以环境心理学相关理论为依据,注重环境要素、相关技术措施与人的心理行为相结合。例如,在乡村院落住宅中设置的小品设施,其位置、尺寸和材质等,在与院落整体布局相吻合的同时,要考虑居住者的喜好、生活习惯等;在乡村广场等公共空间建设时,所设置的花草树木、座椅、喷水池以及地面铺装等应该进行位置、尺寸和颜色等的搭配,使整个广场的环境具有明显的层次感,并保持公共性和私密性之间的平衡,从而增强广场的活力,使人们在其中活动时心情更加舒畅、愉悦,达到养生的目的。

1.2.2　色彩心理

在日常生活中,当暴露在不同的色彩下时,人们会发现其生理、心理均会有不同的感受和反应。有些颜色能让人心情愉快,而有些颜色会对人产生不良刺激。总的来说,色彩能够让人产生温度感、距离感、轻重感、面积感和动静感等五种感受,从而影响人的情感。以色彩的动静感为例,暖色使人兴奋,为动感色彩;冷色使人沉静,为静感色彩。明快浅淡的色彩使人轻松,灰暗浓重的色彩使人抑郁。

研究表明,色彩主要通过色调、明度和饱和度对人产生心理影响。其中,色调有冷色调和暖色调之分,不同的色调对人具有不同的影响,一般冷色调通常使人产生冷静、严肃和镇定等感觉,而暖色调则使人产生快乐、积极、兴奋等感觉。例如,蓝和绿属于冷色调,常常会使人联想到天空、海洋和森林,让人感觉到寒冷之意,而红、黄和橙属于暖色调,常常会使人联想到太阳和火焰,让人感到温暖。色彩对人心理的影响主要体现在色彩能给人频率变化的印象,色彩的变化会影响人生理上的荷尔蒙分泌,进而使人产生不同的心理反应,导致人情绪的波动异常,同时还能让人产生"颜色记忆"。不同颜色喜好的人对同样的颜色会有不同的心理反应。因此,应该将色彩纳入养生环境设计建设范围内,且色彩的利用可以是景观植物的自然色彩,也可以是人工色彩,以达到养生调节的功效。

1.2.3　行为心理

行为心理学研究始于 20 世纪初,由美国心理学家华生首次提出,它主要是研究人的心理与其行为之间的关系。行为是人的心理反应,行动的目的和动机是为了满足人们的需求。根据人的行为目的可将人的行为归纳为三类,包括:具有强目的的行为,即功能行为,如商店的购物行为;伴随主目的的行为,如在达到目的地的前提下,人会本能地走最近的路;伴随强目的行为的下意识行为,这种意识体现了人的一种下意识行为,如人的左转行为。

人的行为都需要以相应环境为发生的背景,在环境的刺激下产生对应的心理反应,进而表现出一系列的行为。总的来说,人与环境是相互影响的,人的行为可以影响环境,而环境也能激发人的行为表现。人的某种反复出现的行为与人所处环境之间的契合度越高,人的生命就越易于得到保持和维护。一个行为场合是一个稳定的行为模式与相应环境的结合,人的行为模式与其相应的环境之间存在一定的适合性,两者相互依存。

因此,在对生态养生环境进行建设时,必须了解生活于该环境中的人的行为和活动的需求,才能达到预期的养生效果。适宜的环境和充分的活动支持能更加促进人的身心健康。

1.3　生态养生理念

目前,生态养生理念的内涵解释并不统一。但根据生态养生的相关概念可知,生态养生理念包含生态理念和养生理念两部分内容,是二者的有机结合。

1.3.1　生态理念

1）内涵解释

生态理念是人类社会发展到一定阶段后的产物,是一种具有普遍意义的合乎生态学基本原理的理性观念体系,旨在运用生态、经济、社会等学科的基本原理,通过以自然生态价值为基础,以经济发展价值为导向,以实现社会文化价值为目标,形成人与自然、经济、社会三者共生互惠、和谐高效的生态发展模式,是一种对自然、社会进行生态保护和发展的新观念,涉及人与自然、社会、经济等之间的相互关系。其中,最重要的内容包括人与自然的协调、人与资源的协调及人类发展与自然生态系统环境承载力之间的协调。

对于乡村生态理念,应该从乡村区域规划建设、人居环境发展以及内部空间各要素协调发展等三个方面进行理解。从

9

乡村区域规划建设的角度来讲,生态理念主要是依靠生态学原理构建具有人文特色的乡村复杂系统的一种思想。从乡村人居环境发展观念的角度来讲,生态理念主要倡议人与自然环境和谐共生、乡村各资源要素高效利用以及人类身心健康等的良性发展。从乡村内部空间各要素协调发展的角度来讲,生态理念是一个超越传统的生态概念,其形成的新的乡村格局使乡村与自然高度融合,从而共同构成一个有序的生态网络体系,其中包括院落住宅、水系、自然植被和公共广场等。

2) 基本原则

(1) 和谐性。生态理念的和谐性主要体现在人与自然、人与人、人工环境与自然环境、社会经济环境与自然环境保护之间的和谐,寻求一种良性循环发展的新秩序。

(2) 高效性。生态理念的高效性主要体现在科学高效地利用各种资源,物尽其用,地尽其利,人尽其才,各尽其能,各得其所,循环再生,促进共生关系的建立。

(3) 持续性。生态理念的持续性主要体现在以可持续发展思想为根本指导,兼顾不同时间、空间合理配置资源。

(4) 整体性。生态理念的整体性主要体现在从整体考虑,系统研究,不单单追求单个利益,而是兼顾整体效益,整合内容,丰富形式,优化环境,并在整体协调的新秩序下寻求发展。

(5) 区域性。生态理念的区域性主要体现在各个部分相互联系、相互制约,体现区域特色,平衡区域发展。

1.3.2　养生理念

1) 中国传统养生理念

中国古代的养生理念在探讨生命科学规律的基础上侧重研究人类健康长寿的方法,是由人生哲学支配的。儒家、道家都肯定并提倡养生之道。道家养生注重个体,且立足于自身,以延年益寿为目的,"无为而无不为"、后天返还先天是道家静养的手段。而儒家则着眼于他人,以社会效果作为准则,以人的存在价值为目的,"中庸""节制求中"是儒家动静结合的养生手段。而继孔子后最大的儒者荀子提出"备养而动时"的"动养"养生哲学命题,并在发展过程中与道家所倡导的"静养"渐相融合,构成了我国古代养生理念的主流,其核心理念就是"静心""养心"和"动静结合"。

2) 西方传统养生理念

养生理念在不同的文化背景下均有不同程度的发展。西方文化重在以科学文明、物质文明为养生创造条件。一方面,西方文化注重形体运动。在西方人看来,保持健康最重要的不是心理、精神,而是体育运动。从古希腊竞技体育到"更快、更高、更强"的奥运精神,从伏尔泰的名言"生命在于运动"到拉马克的"用进废退"学说,从荷马史诗《伊里亚特》与《奥德赛》对古希腊人"祭祀竞技会""宴乐竞技会"的描述到历史考古学家对古希腊斯巴达体育、雅典体育、古奥运会的有关战车赛、拳击赛、摔跤、掷铁饼、射箭、赛跑、比武投枪、投石、跳高及球戏、舞蹈等体育活动项目的描述,可以看出西方体育运动体现的精神是力量、技巧、拼搏和竞争。另一方面,西方文化注重饮食营养。西方人对待饮食,注重分析食物的成分含量,掌握具体的营养要求,讲究有什么营养,能产生多少能量,味道则是次要的。他们把饮食当作一门科学,以现实主义的态度注重饮食功能,重视营养搭配均衡,将营养物质分成七大营养素,认为七大营养素中提供能量的营养有三种:糖类、脂肪和蛋白质,吃饭就是为了得到营养,恢复精力,就是为了满足基本的身体需求。

3) 现代养生理念

现代养生是一门综合的学科,目的在于吸取多学科的研究成果而运用于维护人类的身心健康,强调顺时养生、运动养生、文化养生、饮食养生、调控养生等。西方的健康保健理论认为,人类的健康是由生物学特性、生活环境与生活方式以及社会保健医疗体制决定的。

现代养生理念认为,人的健康长寿需要从多方面入手。一方面主要与人生理机体是否健康相关,其养生手段包括顺时养生、运动养生、饮食养生、药饵养生等;另一方面,与人的精神状态密切相关,主要有文化养生和调控养生两种。

1.3.3　乡村生态养生的核心理念

作为生态养生与人之间联系的重要载体之一,乡村在满足人精神需求方面越来越受到重视。乡村院落住宅的布局、景观小品设置,河塘水系的水流连通、水生动植物的生长活动,道路通达性及其两旁植被栽种活动,这些均对生活在其中的人的生理和心理有很大的影响。综合生态理念和养生理念,乡村生态养生的核心理念应该是在尊重乡村地域风俗文化、体现本土鲜明特征的同时,用优美的生态环境释放心灵、陶冶情操,提高生活于其中的人们的身心健康指数,达到养生目的,甚至延长寿命。

1.4　乡村生态养生作用

乡村生态养生对改善人的身心健康、延长人的寿命等的作用主要体现在利用视觉、嗅觉、听觉等的感官调控,心理与生理调节,景观治疗等方面。

1.4.1　感官调控作用

在自然环境中,人们通过视觉、嗅觉、听觉等感官获取周边环境信息,再经过大脑中枢神经对各种环境信息的鉴别、判断等过程在脑海中对所生活的环境形成某种形象或概念,最后影响人的情感状态。在生态养生型乡村中,绿色植被、清新空气及蜂鸟蝉鸣等自然状态能够对人的感官进行刺激,使人的情绪趋于平缓、精神状态更加饱满,达到养生的目的。例如,自然花草等景色通过视觉作用于人体时,对人体内外感受器官产生刺激作用,通过神经反射和体液调节引起人体某些生物物理和生物化学的改变,从而增强人的体质,提高人体抵抗力。

1.4.2　心理与生理调节作用

根据心理学相关专家的研究,人的精神、情绪、心理在很大程度上受到所处环境的影响。美好的乡村生活环境能陶冶人的情操,开阔人的胸襟,消除人的烦恼,并使人变得乐观、愉快和积极。例如,院落小品、花坛水景、林荫小道等都能令人赏心悦目,让人神清气爽,达到调节人心理的目的,这一点也被现代医学界相关研究所证明。美好的生态环境对人的心理调节主要是依靠环境状态改变人自主神经和内分泌系统功能,进一步影响其他器官甚至整个人体的功能,达到消除紧张情绪和增强体质等功效,实现养生目的。另一方面,人无时无刻不在与外界环境进行物质、能量和信息等交流活动,从而获得自然环境中的阳光、空气、水和食物等物质,以保证新陈代谢的正常进行。人的中枢神经系统具有主动反应功能,能通过神经-体液系统对外界环境的各种刺激产生反应,以反馈和负反馈方式调动人体各种功能做出相应的生理变化,以适应外界环境的变化,并保持身体健康。

1.4.3　景观治疗作用

乡村自然景观具有调节人体代谢的作用。优美的乡村环境景观不仅可以调节人的情绪,还会使人的心情愉快,并能强身健体、康复疗养。美丽的乡村景观能够消除或者减弱神经系统的过度兴奋和不良刺激,如乡村河塘中的自然水生植物的绿叶能舒缓人的心情。同时,乡村景观对人的听觉、视觉、嗅觉也能起到正面的刺激效应,能使人消除疲劳、心旷神怡、精神倍增,甚至延年益寿。

第 2 章

生态养生型美丽乡村
建设技术背景

党的十八大第一次提出"美丽中国"的概念,强调必须树立尊重自然、顺应自然、保护自然的生态文明理念,明确提出包括生态文明建设在内的"五位一体"的社会主义建设总布局。而要真正实现"美丽中国",对乡村的建设不可或缺。美丽乡村正是在这样的背景下提出的,也是新时期对新农村建设的深化和具体化。

2.1 美丽乡村建设现状

2.1.1 乡村建设面貌

与城市相比,一直以来,我国大部分乡村地区的居民住宅较为分散,广场、道路等基础设施比较落后,老旧、危险的农房依然成片存在,河道水系的淤积断流现象比较严重。近几年来,随着美丽乡村建设的推广和深入,在各级政府的不懈努力下,乡村人居生态环境得到了一定的改善。

总体来讲,随着城镇化建设的加快,老旧、危险的农房因各种征地拆迁而逐渐消失,乡村农房改造趋向于统一规划设计,居民住宅被集中安置。当前已建成了许多典型的乡村社区,如浙江省义乌市积极创新农房改造模式,形成了一套具有当地特色的经验做法,基本完成了区内乡村旧房拆除改造工作。

目前,很多地方乡镇级政府也已着手开始河道水系的整治工作,主要涉及河道清淤疏浚和人工护岸建设等。例如,北京市采用生态清洁小流域综合治理模式,以小流域为单元,水源保护为中心,以溯源治污为突破口,在全面规划的基础上合理安排农、林、牧、副、渔各业用地,因地制宜地布设综合治理措施,从一家一户做起,全面推进生态村镇建设。江苏省以县乡河道疏浚工程为重点,将疏浚整治和长效管理并行,实行"以奖代补"专项补助政策。

尽管饮用水水质还有待进一步提高,但是很多乡村地区已实现了自来水的集中供应。随着自来水安装入户,很多居民家中安装抽水马桶以取代原有的旱厕,且相应的污水管道也在逐步推广建设中,生活污水集中处理效率日益增加。其中,乡村生活污水处理的技术研究始于"九五"期间,当时,清华大学等单位在滇池流域污染治理项目中选用人工复合生态床、地下土壤渗滤、缺氧/好氧生物滤池等作为乡村生活污水处理的技术手段,前两项属于单纯的生态技术,最后一项属于单纯的生物技术。随后,在"十五""十一五""十二五"期间,结合"863 计划"中太湖项目和多个区域或流域水专项的研究工作,乡村分散的生活污水处理又以跌水曝气接触氧化池＋人工湿地、厌氧池＋人工湿地、蚯蚓滤池或滴滤池＋人工湿地、ABR 反应池＋人工湿地等多种组合工艺技术为主。这些工艺技术使得乡村生活污水排放得到了有效的控制。

乡村绿化景观建设也取得了一定的进展,在实践过程中很多地区都积累了丰富的经验。北京地区的乡村经过绿化景观建设,使得原有乡村呈现出"村在林中、路在绿中、房在园中、人在景中"的状态。而上海则鼓励乡村住户在自家院落中种植蔬菜和果树等绿色植物。相比之下,浙江的乡村建设起步较早,从安吉乡村建设开始,已较为全面地涉及乡村道路、河道、院落、宅旁绿化和公共绿地的建设,为乡村居民提供了优美的乡村聚落景观和居住生活环境。

乡村道路逐步得到硬质化修缮,尤其在中东部经济发达地区,几乎实现了村村通水泥路的状态。另外,乡村固体废弃垃圾收集与处理也逐渐得到落实和实施。这些举措改变了传统乡村原有的雨天泥水路、污水靠蒸发、垃圾靠风刮等脏乱差的乡村环境面貌。截止到 2016 年底,中国城镇化率为 41.2%,比 2012 年底提高 5.9 个百分点,同期的乡村处理生活污水率接近 10%。此外,2017 年国家投入约 3.4 万亿元用于乡村建设。

然而,无论是新农村建设还是美丽乡村建设,乡村的声环境和能源利用方面均很少受到关注,乡村节能降噪的问题急需得到重视和解决,相关工作的开展任重道远。

美丽乡村建设改变了乡村现有自然环境和以农耕产业为主的风貌。在各级地方政府积极行动下,乡村旅游业、有机农业、休闲农业、规模养殖等产业得到大力发展,打造出多个乡村品牌,拉长了产业链条,加快了产业集聚,改善了乡村居民的生活水平。在农业开发方面,现代农业、特色农业的深入发展使得乡村经济水平得到提升,为乡村面貌换新及其开发建设提供了经济基础,带动了乡村人文精神文化的发展,使得乡村居民生活生产心态更加积极向上。

2.1.2　乡村建设典型模式

近几年来,各级政府采取一系列行动大力开展美丽乡村建设,并已取得阶段性的成果。乡村面貌总体上获得改善,服务功能全面优化,农民主体地位提高,农业增产,农民增收,城乡差距逐渐缩小,广大农民群众切实体会到了幸福感,涌现出一批乡村建设典型模式。2014 年农业部发布美丽乡村创建的十大模式,分别是产业发展型模式、生态保护型模式、城郊集约型模式、社会综合治理型模式、文化传承型模式、渔业开发型模式、草原牧场型模式、环境整治型模式、休闲旅游型模式和高效农业型模式。

1）产业发展型模式

主要特点是产业特色鲜明、优势明显，农民专业合作社和乡村龙头企业发展基础较好，整体产业化水平高，农业产业生产聚集、规模化经营，农业产业链条不断延伸，对当地经济发展的整体带动十分明显。该类型模式主要分布在东部沿海等经济相对发达地区，其特点是产业优势和特色明显，初步形成"一村一品""一乡一业"。产业发展型模式的典型包括江苏省张家港市南丰镇永联村、北京市门头沟区妙峰山镇樱桃沟村等。

2）生态保护型模式

主要特点是自然条件优越，水资源、森林资源等自然资源丰富，传统田园风光和乡村特色保存完整，生态环境优势助推经济发展的潜力巨大。该类型模式主要集中在环境污染少、生态优美的地区。例如，浙江省安吉县是中国首个生态县、全国首批生态文明建设试点地区，2012 年获得"联合国人居奖"。安吉县的特色在于始终坚持以生态文明理念推进乡村建设，坚持生态立县，按照"创业增收生活美"的要求积极开展乡村生态农业，为农民提供创业就业的机会。在美丽乡村建设的实践中，将新农村建设的 20 字方针具体化、形象化、可操作化，持续推进城乡基础设施建设、经济发展、生态建设和文化建设。

3) 城郊集约型模式

主要特点是经济条件较好,交通便捷,公共设施和基础设施比较完善,农业产业呈现集约化,且规模化水平较高,具有较高的土地产出率,农民平均收入水平较高,是周边城市重要的"菜篮子",因此,该类型模式主要分布在大中城市郊区。例如,北京通州区于家务回族乡果村以设施农业作为发展重点,大力发展蔬菜种植业,通过重新规划调整农村集体土地、组建农村专业合作社、建立农村田间学校、筹建蔬菜批发市场等措施,推动了蔬菜种植业的规模化、组织化、专业化和市场化,提高了土地资源利用率和农民劳动生产率,增加了农民的收入。

4) 社会综合治理型模式

主要特点是地理位置条件好,基础设施相对完善,经济基础强,且带动作用较大。该类型模式主要分布在人数较多、规模较大、居住较集中的村镇。其典型如吉林省扶余市弓棚子镇广发村。

5) 文化传承型模式

主要特点是乡村文化资源丰富,具有独特的民俗文化和非物质文化,文化展示和传承潜力巨大。该类型模式主要分布在具有特殊的人文景观,包括古建筑、古村落、古民居及传统文化的地区。例如,浙江永嘉县以古村落保护利用为重点,在楠溪江畔散落着约 220 个古村落,这些被称为"中国乡土文化史书库"的村落极具开发价值。永嘉提出"村外建新村,村内搞整饬",出台了一系列的保护政策,引导这些居民向城镇迁移,对这些历史文化村落展开抢救性保护。通过这些措施,这些村落的乡村文明得以展示和传承,并依托楠溪江优秀的自然风光,通过对人文资源进行开发,大力开发旅游业,积极挖掘本地人文自然资源,精心打造美丽乡村生态旅游,使楠溪江旅游业前景美好,吸引大量游客前来游玩。另外,河南省洛阳市孟津县平乐镇平乐村,按照"有名气、有特色、有依托、有基础"的四有标准,利用资源优势,以牡丹画产业发展为龙头,扩大乡村旅游产业规模,不仅增加了农民收入,也壮大了村级集体经济。

6)渔业开发型模式

主要特点是产业以渔业为主,通过发展渔业促进就业,增加渔民收入,繁荣农村经济,渔业在农业产业中占主导地位。该类型模式主要分布在沿海和水网地区的传统渔区。其典型如广东省广州市南沙区横沥镇冯马三村。

7)草原牧场型模式

主要特点是牧区经济发展产业以草原畜牧业为主。该类型模式主要在我国牧区、半牧区的县(旗、市),占全国国土面积的40%以上。其典型如内蒙古锡林郭勒盟西乌珠穆沁旗浩勒图高勒镇脑干哈达嘎查。

8）环境整治型模式

主要特点是农村环境基础设施建设滞后，环境污染问题严重，当地农民群众对环境整治的呼声高、反映强烈。该类型模式主要分布在农村脏乱差问题突出的地区，其典型如广西壮族自治区恭城瑶族自治县莲花镇红岩村。

9）休闲旅游型模式

主要特点是旅游资源丰富，住宿、餐饮、休闲娱乐设施完善齐备，交通便捷，距离城市较近，适合休闲度假，发展乡村旅游潜力大。该类型模式主要分布在适宜发展乡村旅游的地区，其典型如江西省婺源县江湾镇、南京市江宁区石塘村、贵州省兴义市万峰林街道纳灰村。

10）高效农业型模式

主要特点是以发展农业作物生产为主，农田水利等农业基础设施相对完善，农产品商品化率和农业机械化水平高，人均耕地资源丰富，农作物秸秆产量大。该类型模式主要分布在我国的农业主产区，其典型如福建省漳州市平和县三坪村。

2.2　美丽乡村建设问题与不足

尽管美丽乡村建设使得乡村面貌发生很大变化，并已形成了十大典型模式，但是在实际操作过程中，很多地方政府往往从城市建设的视角对乡村进行规划建设。事实上,由于缺乏对乡村总体布局和环境配套服务功能的通盘考虑,在实施过程中通常搞大拆大建,硬化建设工程随处可见。这导致乡村传统文化逐渐消亡,千百年来传承的自然景观、生产方式、邻里关系、民风民俗等"田园牧歌"景观遭到破坏,承载的"乡愁"消失殆尽。

2.2.1 具体问题

在国外,许多村落、小城镇延续几百年,风景如诗如画,一个个犹如艺术精品,令人流连忘返。而在国内,乡村建设往往直接套用城市建设经验,盲目跟风,导致美丽乡村的生态景观建设缺乏多样性,并脱离当地特有的乡情及环境特征。例如,乡村地区老旧农房的改造或建设往往统一风格、千篇一律。农房改造后,虽然整体上焕然一新、整齐划一,但原有的乡土气息和房屋周边生态景观的差异消失,身在其中却感觉不到所谓的田园风光。

水是生命之源。在乡村,河道水系既为菜地、水田的灌溉提供水源,也衬托着乡村的风土情怀,尤其是河道两岸的自然植被,为乡村勾画出一道道亮丽的自然风景线。由于乡村河道水系的淤积断流等问题,美丽乡村建设过程中需要对乡村河道水系进行清淤疏通。然而,为了追求所谓的美观或政绩表现,很多地方政府往往不顾乡村河道水系周边生态环境的变化,一律采用块石型硬质化的护岸方式,对河岸表面进行人工改造。这种整治改造方式不仅阻断了河道周边土壤与河道水体之间的水文循环,而且使得河道丧失与周边历史环境、生态环境及人文环境之间的协调性。更有甚者,在实际的治理中,河道、池塘、水渠等受乡村建设的影响,被人为地改变,有的变窄,有的被废弃,有的直接被填埋成平地并种上了作物。

乡村道路建设在乡村建设中的位置和作用非常重要,是乡村全域建设的主要组成部分。在美丽乡村建设过程中,乡村道路建设或是在原有道路基础上拓宽翻新,或是完全新建。不管是哪一种形式,都不可避免地导致乡村原有自然植被的破坏,对乡村生态环境均会有不同程度的影响。同时,翻新或新建的乡村道路往往采用不透水的硬质化建造方式,这对道路两边的水土保持和植被保护非常不利。

乡村污水处理规划建设对美丽乡村建设意义重大,目前各地已经着手改造或规划新建乡村污水管网系统、建造农村污水处理技术工艺相应构筑物等工作,这些能从根本上克服原有乡村生活污水无序排放、处理效率低等缺点。尽管从工艺原理上看,乡村生活污水处理的现有技术与生物或生态有关,但是在实际操作中,由于缺乏相关基础知识和专业指导,很少能考虑到将乡村生活污水处理工艺构筑物进行景观化。乡村生活污水的现有处理技术和工艺与乡村自然融合性较差。

这些问题均与大多数地方政府对美丽乡村建设存在思想认识的局限性和制定的相关措施有关,正逐步得到改进。例如,广东出台的美丽乡村 3 年行动计划中,力争到 2018 年粤东西北地区完成总任务的 80％,珠三角地区基本完成全部自然村环境综合整治任务。行动计划中,明确广东省将以整治农村垃圾、水体畜禽污染、乱搭乱建为突破口,"由点到面及片",整县、整市全域推进乡村人居环境综合整治,力争通过 3 年努力,促使乡村人居环境和村容村貌实现根本改观。

虽然诸如此类的美丽乡村建设的政策措施能改善乡村人居环境,提升乡村居民的幸福感,但不足之处在于它们很少关注绿色生态建设以及生态养生的功能。这样的乡村建设往往会破坏乡村良好的自然生态,忽视乡村居民对自然生态景观的心理需求。

2.2.2 不足之处

生态宜居是美丽乡村建设的灵魂。诚如习近平总书记所言,"即使将来城镇化达到 70％以上,还有四五亿人在农村。农村绝不能成为荒芜的农村、留守的农村、记忆中的故园"。可见,美丽乡村建设应该更多地考虑生态宜居环境建设。

然而,当前的美丽乡村建设大多从经济增长的角度,照抄照搬城市建设经验,盲目对乡村进行改造建设,并多以追求政绩表现为主,缺乏对乡村景观环境的整体打造。尽管美丽乡村建设的相关政策措施涉及乡村部分景观改造,但在规划及建设过程中往往由于没有足够的生态景观理论和技术的指导,"景观污染"或"千村一面"等不良现象时有发生,使得地域景观风貌受损严重,乡村景观生态价值得不到切实体现。

2.3　生态养生型美丽乡村建设需求

2.3.1　政策上的需求

2012 年党的十八大报告提出了"把生态文明建设放在突出地位,融入经济建设、政治建设、文化建设、社会建设各方面和全过程,努力建设美丽中国"。随后 2013 年中央一号文件提出"建设美丽乡村要加强农村生态建设、环境保护和综合整治"。紧接着,党的十八届四中全会明确提出用最严格的法律制度保护生态环境,促进生态文明建设。同时,党的十八届五中全会进一步提出绿色发展理念。可见,生态建设在美丽乡村建设中地位突出,对提升全民福祉和实现人与自然、环境与经济、人与社会的和谐意义重大。

2017 年的中央一号文件提出利用"旅游＋""生态＋"等模式推进农业、林业与旅游、教育、文化、康养等产业深度融合,丰富乡村旅游业和产品,打造各类主题乡村旅游目的地和精品线路,发展富有乡村特色的民宿和养生养老基地。这为美丽乡村建设中有关生态建设的部分指明了新的方向,赋予了生态保护型美丽乡村新的使命,即兼具生态保护和休闲养生两大功能。

2.3.2　实际中的需求

近年来,在美丽乡村建设的推动下,乡村休闲旅游业有了突破性发展,已在全国范围内遍地开花,从早期的采摘园、农家乐等逐渐发展成为农舍、观光园以及农业科普旅游基地等。虽然乡村休闲旅游业的发展对我国当前的美丽乡村建设有着不可或缺的推动作用,但它主要是为了让游客感受自然、参与保护自然,同时兼具增加乡村居民经济收入的目的。生态养生型美丽乡村与休闲旅游型美丽乡村虽在表现形式上有相似之处,但在内涵上有本质区别。

随着城市规模快速膨胀,如建筑密度高、空气质量差、人均绿化面积少等问题不断出现,大城市病凸显,城市人口出现向乡村逆向流动的现象,很多居民选择定期前往乡村居住,享受乡村自然田园生活,陶冶情操,释放城市紧张生活节奏带来的精神压力,对乡村生态养生功能的需求日益增加。要实现这样的城乡交流,乡村必须具有像城市一样的基本服务功能。从这方面讲,建设一定数量的生态养生型美丽乡村对我国城市良性发展和居民身心健康具有非常重要的意义。

然而,当前的美丽乡村建设多数仍停留在"搞搞清洁卫生,改善农村环境"的低层次认识上,还有更肤浅的认识是美丽乡村建设就是给农村"涂脂抹粉"、展示给外人看的。无论是生态保护型美丽乡村还是休闲旅游型美丽乡村,在建设过程中都是依托当地的自然资源进行开发建设,在全国范围内的数量仍然有限,不能满足城市居民日益增长的对生态养生的需求。目前生态养生型美丽乡村建设正处于起步阶段,其理念尚未系统成熟,且急需相关技术支持。

第3章

生态养生型美丽乡村
建设技术要素

　　乡村是在居住环境方面与城市对应的称谓,指分散于农村的地理居住环境,常与青山绿水、安静、闲适的生活氛围相联系。在自然状态下,乡村一般风景宜人、空气清新、民风淳朴,较适合人群居住,通常包括自然村落和村庄。在传统意义上,乡村的用地类型主要有道路、河道水系、公共广场、院落住宅和农田种植等。因此,生态养生型美丽乡村建设主要围绕上述用地类型进行,其技术要素构成主要有空间、铺装、植物、水体及小品等。

3.1　乡村建设的空间要素

3.1.1　空间要素组成

乡村空间主要是指由实体围合而成、真正为人所感知和使用的各种场所环境,如道路及周边绿化空间、街道空间、河道水系及沿岸风景空间、公共广场及公共景观空间等。根据人们在场所中的感受,这些实体空间可分为视觉空间、生理空间和心理空间;按照形态可分为静态空间和动态空间;按开闭情况可分为开敞空间、闭锁空间和纵深空间。

不同实体的空间其构成和包含的信息种类也不同。如村落街道空间,按照临街界面的不同,分为街巷空间和水街空间,构成元素或是民房与街道,或是民房、街道与水体;而公共广场空间由于广场的类型不同,有集市广场、宗祠广场、戏台广场、空地广场,构成的元素也不一样,可由绿化、台阶、坐凳、花坛、喷泉、水池或小品等组合而成;公共景观空间中通常仅包含花、草、树木等植物,通过这些自然植物的围合而形成不同开闭情况的空间。

3.1.2 空间要素的养生功能

乡村不同空间类型所引起的居住者的环境感官效应也不相同。例如,荷花盛开的河塘一片白绿相间,通过视觉展示让人心情非常平静、感到轻松,利于心理压力的释放等;公共音乐喷泉广场,伴随着音乐声,喷泉时而绽放,时而停顿,通过听觉的牵动,视觉的间断缓冲,让人感觉松弛有序,内心舒缓,同样利于心理压力的释放。

此外,空间的尺度、朝向、私密性等信息都会对人的心理和生理产生影响。因此,可以利用这些空间信息为乡村养生服务。例如,可以利用大尺度空间的感染力和气势,让那些情绪暂时低落的人群尽快摆脱内心的悲观消极心态。同样,可以利用空间朝南时接受到阳光的照射,从而人为创造色彩鲜明丰富、反差强烈、层次分明的视觉效果,给人以开阔的感觉。而安静的私密空间能够使人在静态中休息,不被外界干扰。不同空间合理的设计和利用对人们的养生保健均有重要的作用。

3.1.3 空间要素建设原则

1) 保护好山水环境

充分保护外围整体山水环境,使乡村聚落完全融于山水环境。通过道路、水体预留视线通廊,使沿路、沿水具有移步换景、显山露水的景观特点。

2)利用好田园景观

对田园景观进行挖掘、整治和提升。以田园作为背景,配置好田地、林、塘,创造小城镇外围疏朗通透、富有乡土特色的田园景观。保留必要的景观农用地,保留必要的晾晒场、打谷场、苗圃地等设施农用地。

3)加强乡村整体风貌控制

控制乡村整体建筑的风格、色彩和形式,促进整体风貌协调统一。

4)保护乡村传统格局与历史空间

乡村注重延续传统文脉与格局,传承本土建筑形式与风格,保护具有历史记忆的古树名木、古桥庙阁等历史空间。

5)保持乡村整体环境

加强对乡村的农房、水体、垃圾、公共空间等环境卫生的整治和保持。

3.1.4　空间要素建设规划评估

空间要素是乡村建设其他要素的载体,总领乡村全域规划内容,其建设规划对乡村建设其他要素(如植物、水体、小品等)的规划起主要参考价值。因而空间要素评估对乡村空间要素建设规划具有重要的现实意义。本节重点介绍通过运用定性和定量分析相结合的方法,结合生态养生型美丽乡村的特色,对村庄的空间资源要素进行评价,包括评价原则、对象和方法。

1) 评价原则

动态发展原则:乡村的发展和演进是一个连续、动态的过程。评价其空间发展资源禀赋要根据其现实状况、未来的发展潜力进行综合评价,从而得到更为准确和完整的评价结果。

系统完整原则:乡村作为一个有机整体,其空间设计必须从整体角度出发,并全面选取乡村空间构成要素进行因子影响评价,形成一个评价系统。

可量化原则:各指标尽量简单明了、微观性强、便于收集,各指标应该具有很强的现实可操作性和可比性。而且,选择指标时也要考虑能否进行定量处理,以便于进行数学计算和分析。

可比性原则:注意在总体范围内的一致性,指标选取的计算量度和计算方法必须统一,要求评价结果在乡村不同地段可比,通过比较反映各个地段发展实力的差距。

2) 评价对象

基于生态养生型美丽乡村对生态景观风貌和养生需求较

高这一特征,考虑对现状空间资源利用价值的评价,主要从建设空间和景观空间两个维度进行。

　　建设空间的评价从交通空间、建筑空间、街巷空间三个方面考虑。交通空间选取了外部交通可达性、内部交通可达性两项因子。建筑空间选取了建筑风貌、建筑肌理两项因子。街巷空间选取了街巷景观的丰富度和街巷景观的连续度两项因子。景观空间的评价主要从地形地貌特色度、水系景观特色度、农业景观特色度三个方面进行评价。具体各项因子的评价标准及权重如表 3-1 所示。

表 3-1　现状空间资源利用价值评价因子

评价因子			分类	分值
建设空间	交通空间	外部交通可达性	可达性较好	6~10
			可达性较差	1~5
		内部交通可达性	可达性较好	6~10
			可达性较差	1~5
	建筑空间	建筑风貌	建筑风貌较好	6~10
			建筑风貌较差	1~5
		建筑肌理	建筑肌理特征明显	6~10
			建筑肌理特征不明显	1~5
	街巷空间	街巷空间的景观连续度	街巷景观连续度较高	6~10
			街巷景观连续度较低	1~5
		街巷空间的景观丰富度	街巷景观丰富度较高	6~10
			街巷景观丰富度较低	1~5

评价因子		分类	分值
景观空间	地形地貌特色度	地形地貌特色明显	6~10
		地形地貌特色不明显	1~5
	水系景观特色度	水系景观特色明显	6~10
		水系景观特色不明显	1~5
	农业景观特色度	农业景观特色明显	6~10
		农业景观特色不明显	1~5

3）评价方法

首先,综合考虑乡村用地类型、地形地貌、区位等现状特征,对乡村进行分区划分,得到乡村的若干个发展分区。其次,结合雷达图,对现状空间资源价值进行赋值打分,雷达图评价结果可反映出两种特征。

特征一为雷达图的饱满程度,饱满程度越高,总分值越高,说明该分区的空间资源综合价值越高,那么该分区的空间等级也越高。等级越高的空间公共属性越高,功能趋向于复合化,越能发挥乡村养生功能;反之则空间资源综合价值越低,则等级越低,等级越低的空间公共属性越低,功能趋向于单一化,越不能发挥养生功能。

特征二为雷达图的单项特色因子,即该区域的雷达图中某项因子评价分值较为突出,可以间接反映出该区域空间资源特色,从而判断该区域的特色空间职能属性。例如,外部交通可达性越高,越适合作为入口区域、停车设施空间。内部交通可达性越高,越适合作为广场等公共设施的分布空间。建筑风貌、建筑肌理的特征越明显,越适合设置公共空间。街巷空间景观连续性越强,越适合发挥视觉观赏养生功能。

3.2　乡村建设的铺装要素

3.2.1　铺装要素概述

铺装要素在营造空间整体形象上具有极为重要的影响。生态养生型美丽乡村建设中的铺装主要位于乡村道路、公共广场和院落住宅等空间部分。可见,生态养生型乡村建设中的铺装主要分为平面铺装和立面铺装。平面铺装主要是针对广场、道路等地面铺设,而立面铺装主要是针对乡村院落住宅等实体建筑的墙体立面铺设。广义上的铺装大致可划分为两类:一类是以砖、石、混凝土为代表的硬质铺装,一类是以绿色植物或人工色彩材料为代表的软质铺装。例如,在公共广场铺装的设计施工过程中应该充分考虑铺装的防滑性、区域排水性、材料装饰性等因素,并满足居民感官上审美性、养生性等因素。特别地,生态养生型美丽乡村建设的铺装过程应将环境心理和色彩心理两者协调应用。如乡村道路铺装,可通过铺装材料的色彩、质感、铺装构型等的有机结合,有效引导居民的心理行为。

　　另一方面,生态养生型美丽乡村建设中的铺装,除了追求感官养生功能和生态实现之外,还应该考虑区域历史文化特色,保持铺装的文化内涵,避免照抄照搬导致铺装的千篇一律。

3.2.2　铺装要素的养生功能

1) 营造舒适的环境

　　在铺装设计建设过程中,利用各种各样的手法和技术对乡村道路、公共广场和院落住宅进行改造,营造景色宜人、环境优雅的场景,可以为乡村居民提供良好的空间环境,以便于休闲娱乐和各种社交活动的开展。以乡村道路为例,由于道路是人进入景观环境的第一接触物,道路精美的铺装以及蜿蜒的形态都会给人带来美的享受。采用鹅卵石材料进行的铺装具有按摩脚底穴位之功效,暖色调的路面铺装给人带来热烈兴奋的情绪,冷色调的路面铺装使人感觉幽雅、明快。

　　随着现代生活节奏加快、生存压力增加,人们逐渐对户外环境产生迫切的需求感。舒适的生态环境能使人身体和精神得到全面放松。而铺装设计能够创造出高品质的放松环境,通过与乡村环境的有效融合,使乡村更加绿色原生态、人们更能从不同的角度欣赏生活的美感,这大大满足了人们对美好环境的追求。

2）展示地域精神文化

很多乡村的地域精神文化内涵都是通过景观风貌得到展现的。而铺装作为景观风貌的底界面，能暗示空间意境和文化内涵。在铺装设计中可运用一些绘有历史事件、人物、地图、特色建筑、自然景观及动植物等地域特色要素的图案进行细部设计，使生活在其中的人们能获得心理的认同感或归属感，进而让人的精神有所寄托，产生联想或回忆，分散现实生活工作中的消极情绪。

3）促进人际交流

乡村特定场所中成功的铺装，不仅有助于美化乡村环境、展现地域精神文化，还有助于人群集聚，促进人际交流，加强不同属性的人与人之间的联系，起到减压缓冲的作用，对乡村养生功能的实现意义重大。

人口老龄化在我国已成为必然趋势。乡村作为中老年人理想的天然养生去处，在铺装设计上也应该更多考虑到中老年人的行为特征。随着年龄的增长，人的生理特征发生变化，中老年人的五官感觉系统会有不同程度的衰退，对外界环境的刺激不太敏感，加上中枢神经及骨骼运动的衰退致使其出现行动迟缓、易骨折、记忆力减退等生理特点。因此，在铺装方面尽量采用无障碍设计，为中老年人的出行和活动提供便利，从而有利于中老年人集聚交流，克服其孤独、焦虑等这一年龄阶段频发的心理问题。

3.2.3　铺装要素建设原则

1）注重生态性

生态养生型美丽乡村建设中的铺装设计首先应该注重生态性原则,采用环保的铺装材料及铺装形式,并考虑材料来源是否破坏环境、材料本身是否有害等。在现有的条件下,为了更好地保护生态环境,应该尽量减少硬质铺装材料的使用,增加有镂空形式的铺装,并积极运用各种生态材料,如道路铺装过程中应该更多地考虑透水性生态材料,这可使道路雨水快速渗透到地下,从而预防雨洪、补充地下水资源。

2）以人为本

作为环境的主体,人们对环境改造的目的是为自身有更好的生活空间,因此对生态环境的改造建设需要用以人为本的原则作为出发点和归宿,具体表现在两个方面。

（1）空间感

在外部空间中,铺装能够影响空间的比例,这也是铺装的一个实用功能和美学功能。每一块铺装材料的大小、形状和材料与材料之间的间距都会对铺面的视觉比例产生影响。

（2）分类性

铺装材料的变化能够引起人们对不同铺装空间的感官警觉,也能从中看到该类铺装的主要用途和功能显示。不同空间场合所使用的铺装材质一般会有所不同,如公共广场、集散空间等不同空间所使用的铺装材质各不相同。铺装质地和颜色的改变同样也能使人们很好地辨别空间功能和用途,如在乡村道路中,人行道、车道、指示标记等均可以用铺装材料进行区分。

3）保持个性化

个性化的体现,主要集中在乡村院落住宅的铺装上。当前,很多乡村地区在美丽乡村建设过程中相互借鉴,甚至照搬照抄现象严重,整齐划一的思想占上风,乡村原有的个性化特色逐渐消失。这样的乡村建设不能达到生态养生的目的。因此,对于生态养生型美丽乡村建设中的铺装,应该着重考虑如何保持院落住宅地面铺装和立面铺装个性化,从铺装色彩、材质和质地等角度进行设计。例如,使用视觉艺术上的冷暖色相的节奏变化,同时考虑富于变化的色彩节奏,冲破铺装色彩趋于雷同的界限感,要富于个性化,也要保证与周边的景观色彩相协调,保证空间的色彩稳定和优雅。

4）体现艺术性

乡村建设中的铺装也应该注重艺术化体现。铺装设计从总体指导思想到细部处理手法均应遵循人的视觉特点和心理感受。从心理学的角度考虑,乡村居民在各种空间要素中的活动可以获得方向感和方位感,此类感觉都属于居民对空间的一种兴趣。通过设计改变铺装的图案、色彩、质感和线性形态等因素,为居民提供空间艺术的视觉感受和心理暗示。这种利用铺装形成的路径有时是可见的,有时只是形成一种暗示。

5)注重整体美感

生态养生型美丽乡村建设中的铺装还应该充分考虑周围乡村整体风格,在铺装的形式、色彩、质感、尺度设计上使整个乡村要素相协调,体现乡村空间的整体性。在各种不同用地类型的铺装中,应选择一种主要使用者的视觉特性作为依据。例如,公共广场、乡村道路中行人居多,在铺装设计时需要以步行者视觉要求为主,这样才能抓住人们的注意力,形成美感。

3.3 乡村建设的植物要素

近年来,我国花卉产业发展迅速,花卉产业正由传统花卉产业向现代花卉产业转变。在现代旅游业的大力推动下,花卉产业与观光休闲产业的结合相得益彰。这在很大程度上使得观光休闲旅游型乡村成为人们寻求身体和精神上休闲放松的理想场所。生态养生型美丽乡村与观光休闲旅游型乡村在服务功能上有很多相似之处,因此,植物要素对生态养生型美丽乡村建设意义非常重大。

3.3.1 养生植物的品种

根据植物对人体感官的影响部位,可将植物品种划分为嗅觉类、体疗类和听觉类。其中,嗅觉类植物有桂花、香樟和枫香等,体疗类植物有雪松、油松、樟子松和湿地松等,听觉类植物有梧桐、芭蕉、荷花、菖蒲和芦竹等。根据植物对人体生理和心理的调节保护功能,又可将植物品种划分为抗抑郁类、抗疲劳类、慢性病辅助治疗类和环境净化类。其中,抗抑郁类植物有丁香、茉莉花、迷迭香、柠檬草和菊花等,抗疲劳类植物有木樨、兰花、香叶天竺葵、水仙、紫罗兰、玫瑰和薰衣草等,慢性病辅助治疗类植物有薄荷、郁金香、木樨及台湾扁柏等,环境净化类植物有石榴、蜡梅、百合、吊兰和芦荟等。这些养生植物的品种可以提供不同的视觉、嗅觉和触觉感受,丰富人们对自然的情感体验,促进人的内心平衡、调和。

3.3.2 植物要素养生功能

养生植物不仅能创造优美的视觉效果,还能净化空气、降低噪声、杀菌消毒,创造良好的生存环境,促进人的身心健康,达到养生保健的目的。本节将从感官角度介绍植物要素对人体的养生功能。

43

1）视觉养生

研究表明，植物能够对人的心理产生一定的影响。"绿视率"作为绿化计量的指标，绿化面积的不同使人们产生不同的心理感受。绿色能吸收强光中对眼睛有害的紫外线，减缓或消除眼睛疲劳。不同颜色的观花观叶植物具有不同的养生保健作用。例如，绿色可以使脉搏跳动速度减缓，提高人的思维能力；蓝色可以使紧张情绪缓解，调节人的体温；红色可以使人振奋；黄色能增强人的食欲；白色能镇静催眠；等等。丰富的植物景观可以刺激人的视觉、听觉、触觉、嗅觉等感官，改善和加强人的感官功能，达到生态养生的功效。

2）听觉养生

植物的声音也能给人的心理带来影响，树叶、枝干在风吹的作用下发出的声音能消除人烦躁不安、心悸不宁的情绪。如在乡村水系河岸边，可利用雨打芭蕉、静听松涛、荷清蝉鸣等声音所营造的声景观来满足人们的心理需求，使人在心理上获得美感和满足，从而达到生态养生的效果。

3）嗅觉养生

早在5 000年前人类就已经应用香料植物驱疫避秽，运用芳香疗法进行养生治疗。在古代造园过程中也早已利用芳香植物进行造景。如苏州园林沧浪亭的"闻妙香室"、狮子林的"暗香疏影楼"、拙政园的"远香堂"等。有研究表明，花香能调节人的情绪。另有研究表明,人体吸入柏树、杉树等的香味后血压会降低。

4）触觉养生

不同的植物质感不同,有的光滑细腻,有的粗糙,甚至有的植物经触摸后还会挥发出可以透过皮肤、毛孔直接进入人体的物质。通过触觉,人们可以满足接触自然的需要,促进人的身心健康。

3.3.3　植物要素配置原则

1）安全无毒

养生植物首先必须是对人体安全无毒的植物种类。由于植物的养生保健作用主要通过嗅觉、听觉和体疗三种途径完成,植物释放的气味和挥发出的物质都能对生活在其中的人产生影响。从这个角度讲,安全无毒的植物是生态养生型美丽乡村养生功能实现的基础环境条件之一。

2）符合五行理论

从人的身体器官与五行的对应关系、植物与五行理论的相互联系等角度,养生植物的配植应该考虑运用植物与人、环境及植物之间的五行关系,从而使所配植的植物养生保健功效最大化。

3）尊重植物生理特性

养生植物的配植还需要考虑植物的生理特性。肥沃深厚的区域适合种植高大的乔木,如香椿等;向阳且光线强烈的区域适合种植桂花、蜡梅、牡丹等;背阴光照少的区域适合种植竹子和含笑等;水中适合种植荷花和睡莲等。此外,不同品种的植物组合配植时也需要考虑品种之间的搭配。

3.4 乡村建设的水体要素

水是环境景观中的重要元素,具有灵性和活跃的特征。从古至今,人们就有亲水的倾向,喜欢触摸水,聆听水的声音。因此,水体要素也是生态养生型美丽乡村建设的重要因素之一。

3.4.1 水体要素建设内容

乡村水体要素的载体包括乡村河道、广场喷泉以及雨污水收集处理系统。其中,乡村河道包括横跨乡村地域的骨干河、溪以及村庄、居民住宅周边的小河塘。这些骨干河、溪、小河塘及其连接段组成的水网系统构成水系,在生态养生型美丽乡村建设中占据主导地位。因此,生态养生型美丽乡村的水体要素建设主要是针对乡村河道的清淤疏浚，水系贯通，打造岸坡植物、水生植物连线成片的水岸一体化的养生景观带，构建集视觉、嗅觉、听觉于一体的生态养生型水体要素。

3.4.2　水体要素养生功能

水不仅具有生态、调节温度湿度及聚集人群休闲娱乐的功能，还具有水疗养生的功效。水是人们最愿意亲近的自然物之一，含有大量的负氧离子，对人的身体有很大的益处，不但可以刺激人的神经系统，给人带来兴奋感，还可以净化人的心灵，营造情怀意境。潺潺流水的声音，瀑布飞溅的声音，惊涛拍岸的声音，都能给人们带来愉悦的心情。

3.4.3　水体要素建设规划原则

1) 保护河道生态

传统乡村建设开发过程中，通常对河道进行侵占或者使其驳岸硬质化，破坏了河道水生动植物栖息环境，降低了乡村河道的水文生态功能。乡村河道的生态养生建设应坚持河道应有的空间尺度，开发与治理并举，保持并提高河道两岸自然植被生态功能和驳岸土壤的渗透性，维持或增强河道水生动植物生态系统多样性。

2）生态景观与调蓄排洪并重

乡村河道中及其河岸边的水生植物是乡村的一道绿色风景线。乡村开发建设过程中,应该充分利用河道原有的水生植物,打造河道水系滨河自然生态景观。但同时,由于乡村河道兼具雨季的雨水径流调蓄和排除区域洪涝的重任,需要对河道水系进行疏通,以确保河道水系的调蓄排洪能力。因此,生态养生型美丽乡村的河道水系开发建设应该兼顾河道生态景观与调蓄排洪双重作用。

3）保持水系连通

目前,多数乡村地区断头河、死水河的现象普遍存在。古语云"流水不腐",断头河、死水河等会导致乡村河道水质恶化、水体富营养化等情况发生,从而破坏河道及岸边水生植物的生长和多样性,不利于河岸水系绿色风景线的打造和维持。因此,保持河道水系连通,对生态养生型美丽乡村水体要素的建设十分重要。清淤疏浚是当前解决乡村河道水系淤积、断流最直接有效的工程性整治开发措施。通过对河道水系的清淤疏浚,保持水系连通,促进河道水系的水循环,改善水质,维持河岸水系的生态风景,有利于乡村河道水系养生功能的发挥。

3.5　乡村建设的小品要素

3.5.1　小品要素内容

乡村小品具有多数量、多分布、体量较小、造型独特等特点,兼具简单功能、较强装饰性或情趣性。

1）艺术小品

乡村艺术小品通常会以当地代表性动植物为元素,以突出乡村气息,让生活在其中的外来人群具有很强的融入感,通常可建在乡村区域内较为突出的位置。

2）水景小品

水景小品主要以乡村水景为依托,结合原生态的石材等,打造安逸休闲的乡村环境场所。

3）花钵

花钵主要以花岗岩等岩石材料为主体,其上种植乡村本土植物,并在内部配置灯光等,使其整体风格充满创意,达到与乡村环境的极大融合。

4）坐凳

坐凳可以为人们步行解乏、闲谈交流等活动提供方便,其数量、造型等取决于乡村具体建设空间。如,在公共广场空间设置圆桌型多人坐凳,在人们休闲交谈时,可以方便其互视对方,增强人与人之间有效交流对个体心理的正面效果。

5）灯光照明设施

灯光的设置也应该参考乡村具体建设空间。如乡村小道可为居民的晨跑和夜跑健身而服务,在小道边设计以运动主题为主的灯光照明小品,其灯具的造型可以球类等运动器材为原型进行建造,激发人们的运动激情。

3.5.2 小品要素养生功能

由于其形态、色彩等具有乡土气息,并烙上了当地的文化符号,小品对乡村养生景观环境的塑造具有重要意义,不仅能够点景、添景,还能引导人们赏景。有些小品还具有教育、纪念等价值,具有一定的历史意义和文化内涵;有些小品具有一定的趣味性,可以令人产生联想或幻想,有利于人们心情得到放松。适宜的小品可以改善人们的心情,缓解人们的压力,给人们带来积极乐观的情绪,增强人们的生活乐趣。

3.5.3　小品要素建设原则

1）符合养生主题

乡村小品设置首先应符合养生主题。所设置的小品应该体现安静祥和、亲近自然的风格,或具备积极向上、富有美好象征意义的特征,促进人们内心平和舒缓,让人心情愉悦,消除消极情绪。

2）体现传统养生文化内涵

将小品与传统养生文化结合起来,可以充分宣传传统养生文化内涵,提高人们对养生文化知识的了解,引导人们进行自我调养。如设置雕刻有太极拳、五禽戏等传统保健养生运动的雕塑,引导人们自觉学习锻炼。

3）具有较好的可识别性

美丽乡村建设背景下,很多地方政府所建设的乡村的整体面貌往往趋于同质化,且多数是由乡村小品所致。乡村院落住宅内、公共广场中单调而重复的小品,其形态、色彩等均存在难以区分的情况。生态养生型美丽乡村的服务对象多数是中老年人。由于中老年人生理功能逐渐下降,如视觉的衰退,导致其对某些颜色表现不敏感,这会给他们户外活动带来不便。因此,乡村的小品应该具有较好的可识别性。

4) 经济实用

　　乡村小品设置还应遵循经济实用的原则。由于小品建设内容量大、面广,其材质、形状、位置等信息均应根据当地气候、具体用途、服务对象等因素而确定,在保证小品实用的同时节约成本。

第4章

生态养生型美丽乡村
建设技术措施

4.1　院落住宅改造技术

　　院落住宅的改造,主要是针对乡村农户的院落和农房。农户院落是农房与街道的一个过渡区域,是农户的一个私密性空间。因此,需要从居民的生活习惯和使用需求上进行设计建设。传统意义上,农房建筑的需求更多是为遮风避雨,并不承载更多的精神追求。然而,生态养生型美丽乡村需要满足养生需求,这就需要院落可以适当地弥补农房养生性能的不足,在设计上运用乡土元素进行景观营造,引入菜园、果蔬廊架、休憩座椅,通过院落空间的变化和功能的多样性,营造丰富的院落住宅养生空间环境。

4.1.1　院落生态化改造

1）农家生活型院落

（1）生态化空间营造

a. 空间划分

普通民居型院落在乡村院落中占比最大,主要是供居民自己生活生产使用。因此,在划分主要空间时,从居民使用时空特点考虑,将空间分为交流空间、种植空间和生活空间三类。

在乡村地区,茶前饭后居民有在自家院落门口摆放座椅或者长凳,坐下来跟过路的街坊邻居聊天攀谈或者喝茶休憩的风俗习惯,因此,交流空间在院落空间处于比较特殊的地位,虽然占比不大,但对于居民日常生活非常重要。交流空间强调开放,常设置在院落的入口,同时考虑居民乘阴凉需求,常在门口种植高大乔木,或者在入口搭建荫棚。

普通民居院落的种植空间主要布局在院落的两侧以及围墙四周。种植空间主要栽种一些当季的蔬菜、少量花卉以及几株果树,供居民日常食用。考虑到乡村景观养生性的提升,菜圃的篱笆划分清晰,果树下空间可设置休闲设施复合利用。同时,可以与院落雨水收集利用相结合,在种植区与生活区交界处设置过滤鱼池,有较高的生态效益和景观效益。

生活空间是居民日常活动最频繁的区域,布局于院落中央靠近住宅部分,由硬质铺地为主体的"场"以及一些生活设施等元素构成。"场"作为一片特殊的空地,除了晾晒功能外,还兼具供居民乘凉、吃饭、小孩嬉戏等功能,是院落中最为灵活的一块区域,设计时需要考虑铺地的透水、美观、便于打理等因素,以及与种植区视线呼应的景观因素。院落生活空间附属设施也放置在生活空间,包括储藏间、水池、井、晾衣架、凳椅等,设计时要保证其干净整齐、方便使用,兼顾美观。

b. 空间过渡

普通民居型院落三个主要空间之间的过渡需要从以下三个方面进行考虑:首先是理清边界,主要是入口过渡空间、围墙、大门院落围合边界要明晰,以及种植空间与生活空间铺地用篱笆、短栅栏围合;其次是设施合理布局,将井、水池等设施放置在生活空间与种植空间交界处,方便水资源综合利用、垃圾集中处理;最后是铺地灵活设置,菜圃设置步汀石或者铺砖,方便菜园采摘,铺地设置微小高差以及植草沟,方便雨水渗透、储蓄、排泄。

c. 空间围合

普通民居型院落空间围合主要表现形式有以下三种:首先是围墙围合,普通民居院落围墙主要分为墙体围合、篱笆围合,在主要街道两侧适合使用墙体围合,在单侧滨水或者临田园院落适合使用篱笆围合;其次是廊架围合,在入口空间构建木质廊架,牵引南瓜、葡萄等瓜果藤蔓,具有较好的引导性与景观性;最后是果树点式限定,院落原先种植的有年限的枇杷树、银杏树等高大乔木底下限定的树荫空间也是院落围合的一个重要表现方式。

d. 空间细化

在保障实用性同时,空间细化需要从以下三个方面考虑:第一是提高美观性,主要是增加铺装花纹以及材料组合,蔬菜种植增加乡土彩色植物以及果树的栽培;第二是提高生态效益,主要通过生态技术的运用,优化院落微气候环境,节约能源,综合利用水资源;第三是保持风貌统一,院落的材料应选用乡土材料整体铺地,小品等造型色彩风貌保持统一。

(2)生态化景观设计

a. 围墙设计

按照用途的不同,围墙可分为两种形式:一是作为院落与周边相分隔的围墙,二是在院落内部作为划分空间、组织景色而布置的围墙。普通民居型院落面积不大,内部分割空间较少使用短墙,因此,主要考虑其外围围墙设计。然而,目前乡村院落的栅栏式围墙普遍较少,这与居民的心理还没有足够的安全感有关,这种情况一时难以得到改变。一些西方国家直接用绿篱作为围墙的设计方法在我国的乡村暂时不适用。虽然围墙的基本样式短期内不能改变,但是其冰冷的外表却可以通过设计加以修饰。例如,可在围墙边设置体型轻巧的藤架,用铁条攀扎起的藤架就是其中一种样式,这种藤架不具有攀爬性,但一样能起到防盗作用,既可以降低材料成本,减少劳动工作量,还可在院落墙壁上固定质量轻巧的小盆栽,种植耐干旱的垂蔓性植物。这种方法可以柔化墙壁的硬质感,简单而实用。

　　b. 植物搭配

　　在考虑院落生态化时应从院落本身的微气候入手,适宜的院落植被种植形式可以引入凉爽的夏季风,而在冬季可以降低风速,发挥防风作用。风对人体舒适度以及建筑的能耗均有影响。院落不同方位蔬菜瓜果种植搭配不同,可从如下几个方面进行设计:

　　后院(北):如果外围缺少挡风物,西北风强盛,可退让出空地,种植植物抵御冷风。

　　前院(南):最重要的是夏季遮阳、夏季微风的引入和冬季的接纳阳光。靠近建筑物的植被应选择高大、枝干展开的落叶树,远离建筑的地方选择小型乔木。

　　右庭(东):若空间局促,应选择墙面绿化。因早晨阳光较为温和,宜种植喜半阴的蔬菜或食用菌菇。

　　左庭(西):考虑墙面绿化,如爬山虎、蔷薇等,防西晒。

　　外围:可配合围墙栅栏,以景观乔木和花灌木为主。

　　(3) 生态化模式

　　每户院落设计时,均应绘制平面网格。例如,在一个面宽8.4 m、进深4.8 m的院落中绘制单元大小为0.6 m的网格(图4-1)。在绘制好的网格中,根据居民的实际需要加入相应的构成要素,包括围护、入口、铺地、菜圃、花池、生态水池、储藏等。

　　根据普通院落的空间营造以及景观设计策略,将各项要素分类,归纳出功能、面积占比以及生态化技术要点(表4-1)。

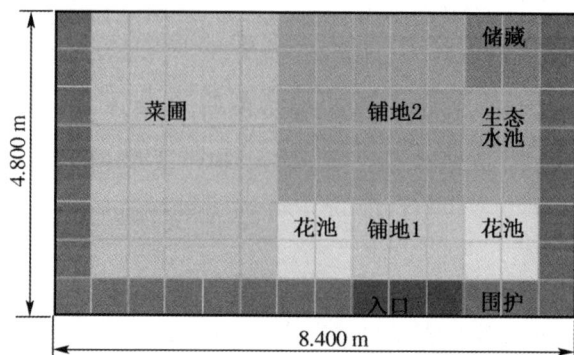

图 4-1 普通民居型院落模块示意图

表 4-1 普通民居型院落要素

要素		功能	面积占比	生态化技术
交流空间	入口	日用	2.7%	大门设计
	围护	提供围合和外围绿化	24.1%	生态围墙构建技术
	铺地1	结合花架提供阴凉	5.4%	实用花架构建技术
	花池	种植果树	7.1%	花池设计以及乡土果树搭配
生活空间	铺地2	休憩和晒粮食	22.3%	透水铺装技术
	生态水池	雨水收集和污水净化	5.4%	院落型生态湿地技术
	储藏	农具和器具存储	3.8%	储藏空间景观化处理技术
种植空间	菜圃	种植蔬菜	31.3%	生态农业种植技术

（4）平面设计

根据普通民居型院落模块设计图，对每一个要素进行细化，绘制简易的普通民居院落平面示意图（图 4-2），作为之后实证设计的参考。

图 4-2　普通民居型院落平面示意图

2）农家乐型院落

（1）生态空间营造

a. 划分主要空间

乡村农家乐型院落的特色功能主要体现在乡土体验性上，因此，在划分其主要空间时，可针对不同人群、不同时间段对院落使用情况的差异，将院落划分为果蔬采摘区、餐饮休闲区和活动游憩区三种。

果蔬采摘区设置在远离建筑的一侧，用篱笆等围合限定，种植当季蔬菜瓜果以及乡土果树，满足养生者采摘体验,同时供应居民日常所需。餐饮休闲区设置在靠近建筑一侧,用木围栏、木质地板围合限定,满足养生者尝鲜乡土食材以及喝茶乘凉的功能需求。活动游憩区设置在较为开敞的空间,适合各个年龄层段养生者的活动需求,主要以硬质铺地限定,放置有适量的小品景观、活动设施或设置亭台水榭等。

b. 空间二次划分

空间二次划分是对主要空间的再次细分,使空间得到更加合理有效的利用。根据种植植被类型,将果蔬采摘区分为果圃空间与菜圃空间,利用蔬菜与果树的季节变化、高低搭配,充分利用空间。针对农家乐型院落对餐饮休闲活动的要求较高的特点,将餐饮休闲区分割成餐饮开放空间和休闲开放空间,主要通过铺地、高差、景墙、植被等元素划分空间,分别设计营造。

c. 空间过渡

空间之间通过交通空间过渡,交通空间连接着所有类型的空间;这需要对空间进行限定,即将不同空间分开。对过渡空间的处理直接影响空间围合度和空间使用情况。农家乐型院落空间的生态化过渡分为两类:一是入口空间,可设置南瓜藤、葫芦藤等廊架,具有乡土特色的同时,景观性、引导性强,该空间保障内外空间过渡缓和,而且夏天可以遮阴,生态性优良;二是餐饮空间跟休闲空间过渡区,灵活运用种植池、建筑小品、景墙、花架等进行分割,可对空间进行限定和融合。例如亲水砌块砖与卵石铺地的使用,不仅易于打理、亲水性好,而且图纹颜色选择多样,分割过渡两种类型空间更加灵活。在空间营造中的过渡空间要考虑协调风格、形式和意境等。

d. 空间围合

院落空间围合注重"金角银边",注重边界的造景,以便更好地利用院落空间。对院落边角进行景观设计,会使院落可利用的活动空间变大。例如,把亭和植物布置在围墙和溪流边,不仅可以结合院落外溪流景观和田园景观,还能实现一定的领域感,但植物的遮挡使视觉可达性不强。

农家乐型院落空间围合的生态性体现在围合方式与空间特性相结合上。开放空间以点式围合为主,围合度低,视野开敞;半开放空间点式与线性围合相结合,环境营造好;私密空间以线性围合为主,如短墙、茂密的灌木等围合。围合材料选用乡土材料或者植物围合,成本较低,易于打理,生态效益高,利于院落局部微气候环境的优化。

e. 空间细化

空间细化是对每个空间的景观效果进行设计,使空间使用者能很好地实现游憩活动。细部设计是对植物、山、水、建筑小品进行综合设计,每个位置需合理配置和利用。空间细化要结合整体立意和构思,突出每个空间的独特性。活用水景景观设计,如小型假山配上水景植物鸢尾。利用铺装过渡开放空间,细部设计可以在种植设计中考虑生产与景观相结合,种瓜果蔬菜。

（2）生态化模式

每户院落设计时,均应绘制平面网格。例如,在一个面宽 10.8 m、进深 9.0 m 的院落中绘制单元大小为 0.6 m 的网格（图 4-3）。在绘制好的网格中,根据农家乐型院落居住居民的实际需要加入相应的构成要素,包括围护、入口、铺地、菜圃、果圃、餐饮场地、活动场地、绿地。

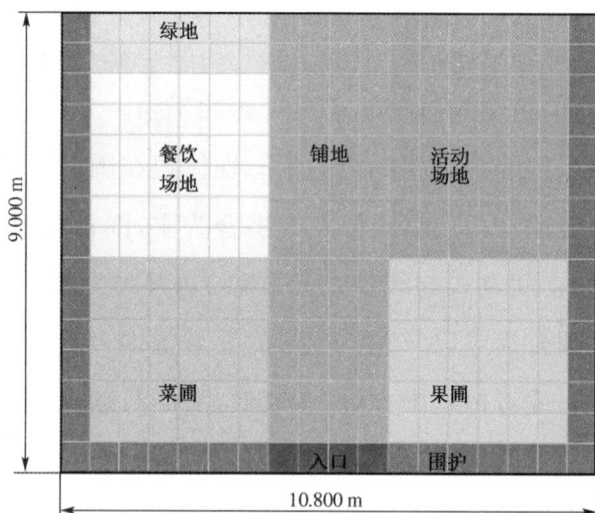

图 4-3　农家乐型院落模块示意图

根据农家乐型院落的空间营造以及景观设计策略研究,其主要适用于景观条件优越的乡村地区,依托良好的景观视线、丰富的河道水系,形成独具特色的农家乐民居特点,可将各项要素分类,归纳出功能、面积占比以及生态化技术要点（表 4-2）。

表 4-2　农家乐院落要素

要素		功能	面积占比	生态化技术
活动游憩	入口	装饰门面、悬挂招牌	1.5%	大门设计
	围护	为养生者餐饮娱乐提供围护	15.6%	生态围墙构建技术
	铺地	休憩、少量停车	20.7%	透水铺装技术、实用花架构建技术
	活动场地	满足养生者娱乐活动	17.8%	特色小品以及生态水景技术
果蔬采摘	菜圃	体验采摘、提供食材	13.3%	生态农业种植技术
	果圃	美化景观、体验采摘	13.3%	乡土果树搭配
餐饮休闲	餐饮场地	满足养生者餐饮需求	13.3%	景观棚架技术
	绿地	过渡室内外空间，盆景造景	4.4%	铺装搭配、盆景造景技术

　　根据农家乐型院落模块设计图,对每一个要素进行细化,绘制出简易的农家乐型院落平面示意图(见图 4-4),作为之后实证设计的参考。

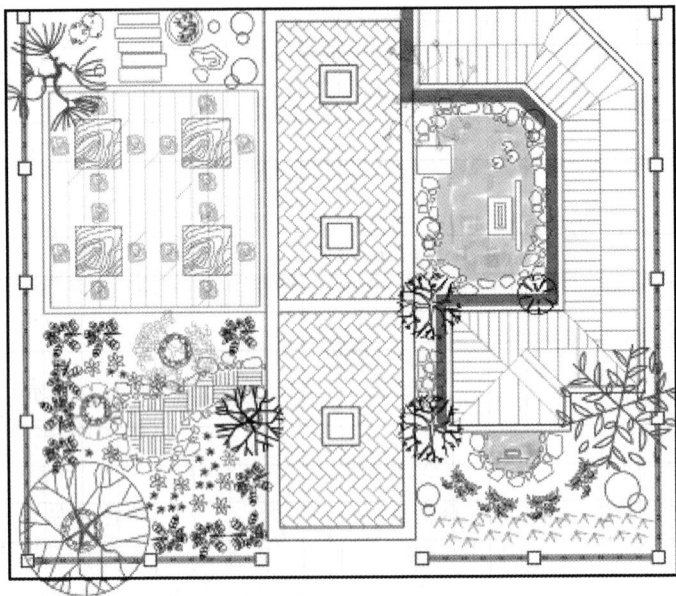

图 4-4　农家乐院落平面示意图

3）民宿客栈型院落

（1）生态空间营造

a. 划分主要空间

乡村民宿客栈型院落不同于农家乐型院落，它更加注重小环境的景观化设计，而且活动人群规模不大，住户对休憩观赏的功能要求更高，空间组合更加自由化、多样化。因此，在划分主要空间时，应根据人群活动特点进行考虑，将空间划分为休憩空间和观赏空间两种空间形式。

休憩空间主要与靠近建筑和院落中心处相结合，空间较开敞，有较好的场地性，并通过亭、榭、平台、凳椅等元素的塑造,引导养生者进行休闲活动;观赏空间主要与离建筑有一定距离的院落边角相结合,既不影响人流活动,又减少空间破碎化,并通过山、水、植被、小品等景观元素营造怡人的院落环境。

b. 空间二次划分

空间二次划分主要是针对不同院落各自的主题特点,对主要空间的再次细分,使空间得到更加个性化、科学化的利用。

c. 空间过渡

空间过渡包括休憩空间与观赏空间、不同类型观赏空间、不同类型休憩空间之间的过渡。休憩空间与观赏空间之间主要从硬质软质铺地边界的限定进行过渡,如草地与植草砖的融合,木质围栏与木地板的过渡等;不同类型观赏空间之间主要从植被搭配、小品元素的穿插进行过渡;不同类型休憩空间之间主要从花池、景墙、廊架、台阶进行过渡。在空间营造中的过渡空间要考虑协调风格、形式和意境等。

d. 空间围合

民宿客栈型院落空间围合除了注重边界的造景外,还注重小空间的领域感营造,如亭榭临水池布置,背靠镂窗处理的围墙等,不仅可以通过花窗借景将院落空间延伸,还可以通过亭榭本身对水池景观框景,增加空间的趣味性。

当民宿客栈型院落周围自然环境较好时,还可以通过自然元素进行围合限定,例如,紧邻自然的溪流或者背靠自然的山体,甚至是门口的大树。总之,围合形式应以整体院落环境为主,突出主题和意境。

e. 空间细化

空间细化是对休憩空间和观赏空间的景观效果进行设计,使空间使用者能很好地使用。细部设计是对围墙、植被搭配、立面铺装、小品设施进行综合设计。细化时更要凸显当地的风土人情以及民宿客栈的主题个性。

(2)生态化景观设计

每户院落设计时,均应绘制平面网格。例如,在一个面宽9.6 m、进深6.6 m的院落中绘制单元大小为0.6 m的网格(图4-5)。

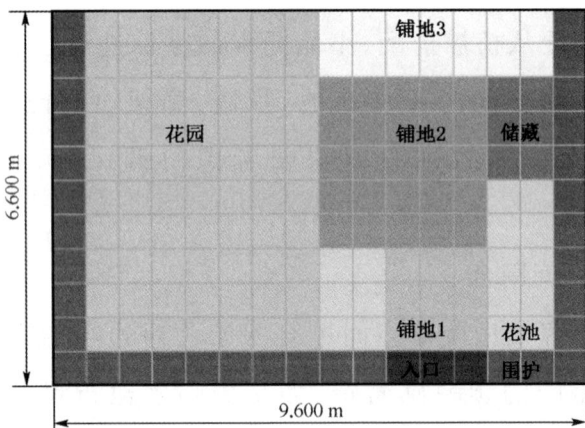

图4-5 民宿客栈型院落模块示意图

在绘制好的网格中,根据民宿客栈型院落的需要加入相应的构成要素,包括围护、入口、铺地、花池、花园、储藏。根据民宿客栈型院落的空间营造以及景观设计策略研究,以及民宿客栈对景观要求较高的特点,将各项要素分类,归纳出功能、面积占比以及生态化技术要点(表 4-3)。

表 4-3　民宿客栈型院落要素

要素		功能	面积占比	生态化技术
休憩空间	入口	悬挂招牌	1.7%	大门设计
	围护	围合院落、美化围墙	18.8%	生态围墙构建技术
	铺地 1	结合入口小品引导养生者	5.1%	实用花架构建技术
	铺地 2	休憩	14.2%	透水铺装技术
	铺地 3	室内外过渡、少量喝茶休憩	8.0%	木板铺设技术
	储藏	花盆、器具存放	3.4%	储藏空间景观化处理技术
观赏空间	花园	主体景观、休闲游玩	39.8%	园景营造技术
	花池	种植果树	13.3%	花池设计以及乡土果树搭配

根据民宿客栈型院落模块设计图,对每一个要素进行细化,绘制出简易的民宿客栈院落平面示意图(见图 4-6),作为之后实证设计的参考。

图 4-6　民宿客栈型院落平面示意图

4.1.2　农房节能改造

乡村农房的舒适性对乡村生态养生同样具有重要的影响。本节将从农房墙体、门窗、屋面等组成上对农房保温节能改造进行介绍,为乡村生态养生提供技术参考。

1) 墙体

乡村农房单一,墙体材料应尽量避免使用黏土砖,鼓励使用新型墙体材料,就地取材,因材设计。例如,KP1 型多孔砖是以黏土、页岩、煤矿石、粉煤灰等为主要原料经过高温焙烧而成,孔多、小且密,是一种可替代黏土实心砖的新型材料,能减轻墙体自重,减少能耗。此外还可使用轻集料加气混凝土小型空心砌砖,该型砖是以水泥作胶凝材料,以各种陶粒、陶砂、煤渣、浮石等为骨料,加入适量的掺和剂、外加料,经用水搅拌、机械振动而成型的新墙体材料,具有重量轻、力学性能好、保温隔热性能好等特点。

既有农房外墙结构节能改造的主要措施为增加高效保温材料,按照加装的位置不同,可分为外墙外保温和外墙内保温两种。

a. 外保温

外保温是提高外墙结构热工性能的有效途径。外墙外保温技术是将保温层安装在外墙外表面,由保温层、保护层和固定材料构成。外保温措施对使用的外饰面材料强度与耐候性等要求较高,成本也较高。

b. 内保温

内保温是在外墙内表面贴岩棉或聚苯板,再贴石膏地板抹饰面材料,也可贴预制保温板。此法与外保温相比,有占用建筑面积、存在冷桥、易结露和施工时影响住户正常生活等缺点,但施工简单,对材料要求不高,成本低,且不会破坏建筑立面,适用于乡村历史建筑、传统建筑保护区的改造。

此外,夏热冬冷地区,除冬季外墙保温,还要考虑夏季的隔热问题。隔热情况与保温相比,热量传递反向,内保温不存在冷桥与结露的问题,因此,此类型乡村地区可采用内保温做法。

2）门窗

建筑门窗是整个乡村农房建筑围护结构中保温隔热最薄弱的环节，也是影响室内热环境质量和建筑节能的主要因素之一。门窗节能的关键点一是夏季应防止大量的太阳辐射通过窗体进入房间，二是如何减少通过窗体渗透进热量。

a. 控制墙窗比。墙窗比的制定原则需要因地制宜。一般情况下，北向窗墙面积比不应大于 0.45，东西向窗墙面积比不宜大于 0.45，南向有窗台的窗墙面积比不应大于 0.50。

b. 门窗材料选择。窗户材料包括窗框和玻璃两种材料。框是门窗的支撑体系，由金属材料及复合型材料等加工而成。框扇材料的导热面积虽不大，但其导热系数很大。为了增强窗户的保温隔热性能，推荐选取铝合金断热型材、铝木复合型材、钢塑整体挤出型材以及 UPVC 塑料型材等一些技术含量较高的节能产品。节能门窗的玻璃材料主要为中空玻璃，有研究表明，安装 12 mm 双层中空玻璃可节约能源 20%～40%，若安装 3 层中空玻璃或充入特种气体的中空玻璃可节约能源 30%～70%。

美国研究人员对墙体与玻璃的太阳辐射通过情况进行比较后，发现通过玻璃进入室内的太阳辐射是墙体的 30 倍以上，但如果附加了一定的遮阳措施，这种热通过量则明显减少，大约只占原先的 1/3。

a. 建筑遮阳设计原则。在一般情况下,遮阳设置应因地制宜,遵循平面功能需求,根据最不利的日照角度、冬至时间的太阳角度设计遮阳。由于太阳轨迹的规律性,一旦建筑物方位确定,各窗口的遮阳角度也基本确定。东、西窗以垂直遮阳和挡板遮阳为宜,南向以水平遮阳为主,北向以单侧临时性垂直遮阳为宜。

b. 建筑遮阳的方式。水平遮阳宜布置在南向或接近南向的窗口,可获得 7%~16% 的节能效果。垂直遮阳能够有效地遮挡高度角很低的斜射光线,适合用于东北和西北方向,可获得 6%~13% 的节能效果。综合式遮阳兼有水平遮阳和垂直遮阳的优点,对于各种朝向和高度角的阳光都比较有效。其中,垂直构件或水平构件均可做成固定式或活动式,可左右倾斜或上下倾斜以适应遮阳要求。绿化遮阳加强外墙的空间绿化,在不影响建筑功能的前提下应增加建筑周边绿化面积。

乡村农房现有门窗改造技术主要是为降低门窗的能耗,而门窗的能耗包括通过玻璃、门窗框的传热,门窗缝的空气渗透和夏季太阳辐射得热三个方面。因此,对既有建筑的门窗节能改造主要也从这三个方面入手。

a. 针对玻璃、门窗框传热的改造。要提高门窗的保温隔热性能,就应降低门窗的传热系数,增加热阻。影响门窗传热系数的因素主要是玻璃和框材。改造方法可将原门窗换成节能窗扇。调换门窗可能会影响室内装潢材料的完好性,亦可在原门窗外加一道门窗以达到节能改造的要求。

b. 门窗气密性的改造。可更换三腔断桥节能窗和节能玻璃，如更换外窗为中空玻璃窗。而原窗框的保温，可更换密封胶条及聚氨酯填缝密封处理等密封技术＋原窗外加装节能窗技术。

3）屋面

当前，我国的绝大部分地区均是冬冷夏热型的，因此，对于冬冷夏热地区而言，屋面主要有两个方面的功能要求：一是冬天保暖，二是夏天放热。合理的屋面设计不仅能够改善室内的热环境，而且能减少空调等其他形式的能量消耗。屋面的保温隔热是建筑围护结构节能的一个重要组成部分。屋面保温隔热设计形式有一般保温隔热屋面、倒置式屋面、栽植屋面以及蓄水屋面等。

a. 实体材料保温隔热屋面。实体材料保温隔热屋面是在保证屋面防水的基础上增加一层或多层保温隔热材料，以减少建筑能耗。屋面保温隔热实体材料应吸水率低、导热系数较小并具有一定的强度性能，一般为轻质多空材料。常用的材料有玻璃棉、膨胀珍珠岩、加气混凝土板、软木板、岩棉板，条件有限时也可使用泡沫塑料板等相对廉价的材料。

b. 坡屋面构造保温隔热构造。目前，坡屋面的基层以现浇钢筋混凝土为主。对于坡屋面中保温层的设置应随瓦材与屋面的连接方式而异。瓦材与屋面的连接方式目前有钉挂型和泥背粘铺型两种，前者在屋面上设顺水条和挂瓦条，瓦材以钉挂方式固定在挂瓦条上，后者瓦材直接采用在屋面保温层的找平层上设置泥背的方式粘铺,或边找平边粘铺。

　　c. 栽植屋面。乡村屋面绿化应遵循乡村生活特点,预留种植、晾晒等空间。通过屋顶绿化的方式,不仅能够软化建筑立面,同时可遮挡太阳辐射,吸收污染物,改善建筑小气候,是一种生态型的屋面。建筑层面绿化可明显降低建筑物周围环境温度,而对于大面积的低层建筑物,由于屋面面积比墙面面积大,夏季从屋面进入室内的热量占总围护结构的热量的70%以上,绿化的面积外表面最高温度比不绿化的屋面外表面最高温度低 20℃以上。

　　现有的建筑对屋面的节能改造可以与"平改坡"工程相结合。将平屋面改为坡屋面本身可以降低夏季太阳辐射对顶层空间的影响。"平改坡"后,夏季顶层室内温度比改造前约低4～5℃。若能合理设置通风口,在屋面设通风屋脊或设屋面老虎窗,可同时应用自然通风的热压作用和风压作用进行散热。居室节能效果明显,居民的居住质量得到明显改善。

　　另一方面,架空的空气层在冬季密封,形成密闭空腔,同时在改造的坡屋顶内置保温材料,也可以提高屋顶的保温性能。

　　坡屋面也有内、外保温多种构造方法。在"平改坡"工程中,内置保温层的做法应用较广,特别是夏热冬冷和夏热冬暖等以夏季隔热为主的地区,内保温做法简单,效果也较好。

4.2　水系整治

　　河道池塘是留给乡村休闲养生者的最初印象,也是与乡村居民生活生产密不可分的部分。为了更好地提升乡村生态养生的品质,考虑到乡间的时空距离和水系连通程度等的差异,以正常生产与养生生活协同发展、开发与保护相结合为原则,将河网连接整合起来,并对水体进行原位修复,优化乡村农业生产区与养生生活区,在保证乡村居民生产质量的条件下发展生态养生型乡村水环境。本节将介绍清淤疏浚、景观岸水一体生态治理及高效原位增氧技术,并对水生态修复进行评价,最后重点介绍水岸生态化设计技术,为打造生态养生型乡村水景环境提供理论和技术指导。

4.2.1　乡村水系生态疏浚技术

　　河道清淤疏浚是减少内源污染的有效途径和措施之一,且能增加蓄水量,提高水体自净能力和河道通航能力。但是,不合理的清淤能破坏水底生境(如沉水植物、底栖动物和微生物等),削弱底栖生态系统的自净功能,反而加速沉积物的淤积速度,使清淤不仅没有达到净化水质的目的,甚至会加快水质的进一步恶化。

　　加强对乡村水系生态疏浚能保持乡村水系的连通性,构建水系连通网络,既可提高水资源统筹调配能力和防洪能力,又可改善水力连通,加速水体流动,增强水体自净能力,提高水系自然生态稳定性,实现水的良性循环。

1) 疏浚工程悬浮物影响预测模型

疏浚工程施工作业区会产生高浓度悬浮泥沙,对施工期河流水环境产生影响。在建设项目环境影响评价过程中,必须对悬浮物(SS)的影响程度和范围进行预测,以选择正确的施工方案和环保措施。

一般认为,当水中含沙量大于挟沙力时,水中泥沙处于超饱和状态,泥沙会发生沉降;反之则会悬浮。该模型应既能模拟 SS 的衰减过程,又可模拟 SS 的悬浮过程,可用沉积物泥沙模型进行模拟,其一维泥沙运动方程如下所示:

$$A\frac{\partial S}{\partial t} + Q\frac{\partial S}{\partial x} = -\alpha B\omega(S - S^*) + S_p \qquad (4-1)$$

$$\omega = \sqrt{\left(13.95\frac{\nu}{d}\right)^2 + 1.09gd\frac{\rho_s - \rho}{\rho}} - 13.95\frac{\nu}{d} \qquad (4-2)$$

$$S^* = k\left(\frac{\nu^3}{gh\omega}\right)^m \qquad (4-3)$$

式中:A——过水面积;

S——含沙量;

Q——流量;

B——水面宽度;

α——泥沙恢复饱和系数;

ω——泥沙沉降速度；

S^*——挟沙力；

S_p——悬移质分组含沙量；

ν——水的动力黏滞系数；

d——泥沙粒径；

ρ_s——泥沙密度；

ρ——水密度；

g——重力加速度，$g=9.81 \text{ m/s}^2$；

h——断面平均水深；

k, m——水流挟沙力系数，根据实测资料率定或由设计部门提供。

2）生态疏浚工程

河道的生态疏浚与传统的工程疏浚要求有明显区别，如表4-4所示。

表4-4　河道生态疏浚与一般工程疏浚要求

项目	生态疏浚	一般工程疏浚
工程目标	清除底泥中的污染物	增加水体容积，维护通航能力
工程监控	专项分析，严格监控，环境风险评估	一般控制
施工精度	可达 50 mm	200～300 mm
边界要求	按污染层确定	底面平坦，断面规则
疏挖深度	<1.0 m	>1.0 m，限制扩散
设备选型	标准设备改造或专用设备	标准设备

项 目	生态疏浚	一般工程疏浚
底泥处理	根据泥、水污染性质处理	泥、水分离后堆置
对颗粒物扩散限制	尽量避免扩散及再悬浮	不作限制
尾水排放	处理达标后排放	不处理
疏浚后河床修复	滩地结构改造、微生物再造、河床基质改良等	无
生态要求	为水生植物恢复创造条件	无

3）底泥疏浚工艺流程

如图 4-7 所示，河道底泥生态疏浚技术工艺的核心范畴为疏挖深度设计、沉积物疏挖形式、空间定位技术、施工方式设计、余水处理和疏挖底泥的处置等。

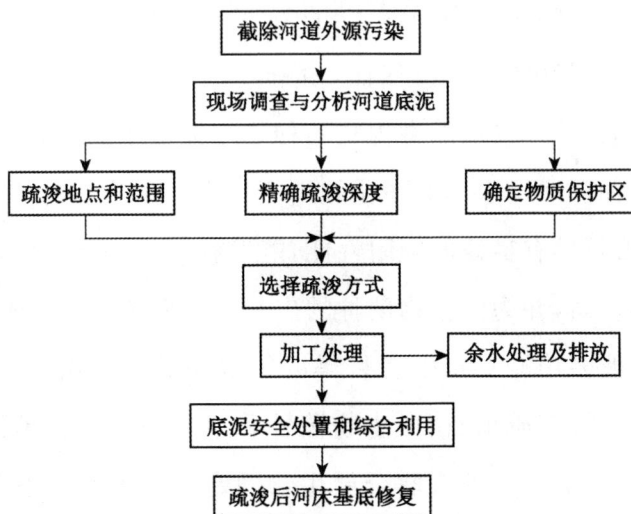

图 4-7　河道底泥生态疏浚技术工艺流程

4.2.2　景观岸水一体化生态治理技术

随着乡村经济与生态治理技术的快速发展,人们对河道生态治理意识不断加强,同时对于河道可观赏性要求不断提高。传统硬质化河道、湖岸及裸露山体护坡技术正逐渐被柔性生态治理技术所取代,打造乡村生态净化与景观观赏于一体的生态性河道风光带完全符合乡村生态养生的需要。

1）净水护坡多功能复合生态袋技术

所谓生态植被护坡,是依靠植被(如草本、小型灌丛木及小型乔木)根茎与土壤间的锚固作用来加固河道边坡稳定性,同时营造良好的边坡景观效果。当前,微生物对水体中污染物吸收降解的研究不断深入,且在实际河道水体治理工程中已取得了很好的效果。然而,由于降雨条件下河道水系的流动性很大,单纯投加的微生物菌种往往会被水流冲走,导致微生物菌种对河道水体的净化效果不稳定。作为常见的水处理材料,沸石具有良好的吸附性能,能够将微生物菌种牢牢地固定在其表面,并为微生物菌种的生长提供营养物质。基于此,净水护坡多功能复合生态袋得以研发并成功应用,这种新型的生态袋将基质沸石、微生物菌种和水生植物有机地结合成一个整体,实现了沸石联合微生物固定化技术与生态袋护坡技术的耦合。

（1）原理

该技术主要利用沸石材料的吸附、附着微生物的降解以及生态袋表面生长植物的吸收等作用，实现对河道径流水质的净化，其过程为沸石材料内部孔隙吸附的有机物首先为附着在其表面的微生物提供营养物质，然后微生物将大颗粒有机物分解，继而再次打通沸石内部的孔隙结构，从而形成沸石吸附-微生物降解的良性循环。

（2）生态袋材料要求

沸石应为天然斜发沸石，粒径通常为 $1.0\sim2.0\,mm$，再经挂膜处理后，可通过聚乙烯醇、海藻酸钠、碳酸钙及二氧化硅等按一定配比对沸石进行固化处理，形成沸石小球，强化沸石表面加载微生物的稳定性。除沸石小球外，生态袋中还应添加一定的沙土，比例在 $2:8$ 到 $3:7$ 之间，并搅拌均匀，以便于在生态袋表面种植植物，所种植的植物一般采用当地耐水耐旱型的植物，在种植植物的同时还可添加少量的木纤维或木屑等，为植物生长提供辅助性营养物质。

（3）水质净化效果

经过植物的吸收、同化，好氧微生物吸收降解，根系环境基质的吸附、过滤和沉淀等共同作用，水体中的有机物可得到有效去除。生长于植物根系富氧区的好氧菌群通过新陈代谢作用吸收利用水体中有机物，作为自身繁殖的碳源补充，能很好地去除河道水体中有机污染物。

人工加载脱氮菌群驯化的生态袋对河道水系氮、磷污染物的去除更加有效，且驯化次数越多，氮、磷污染物的去除效果越明显,抗雨洪冲击的能力越强。此外,植物生物量越大,总磷的降解效果也越显著。

2) 亲水平台型组合生态浮床技术

亲水平台型组合生态浮床技术是一种根据自然生态规律,结合现代农艺以及环境治理工程措施,同时融入景观设计的一种水面人工无土栽培技术。亲水平台型组合生态浮床主要由植被基、植物和固定系统组成,通过扎入水体的植物根系吸收氮、磷等污染物,并给微生物和其他水生生物提供栖息、繁衍场所,适合应用于水系丰富但水质严重恶化的乡村河道,同时利于景观河道风光带的打造。亲水平台型组合生态浮床主要包括净水组合型生态浮床和景观型生态浮床。

(1) 净水组合生态浮床实例

净水组合生态浮床如图 4-8 所示,通常由 1 m(长)×1 m(宽)×1 m(高)的长方体组成,结构设计成上、中、下 3 层。上层为水生植物区,种植水生经济植物空心菜、水芹,并通过合理设置根区空间使植物根系形成毡垫状构造,不仅能提高根系截留颗粒性污染物和藻类的能力,而且不影响植物的吸收功能,该区域有效高度为 10 cm。中层为水生动物区,笼养滤食性水生动物贝类,利用贝类的滤食作用去除污染物,并通过贝类的消化作用大幅度提高有机污染物的生物可降解性。笼网是采用渔网制作的双层结构,既能达到必需的贝类生物量,又能避免贝类过度堆积,保证其成活率,该区域高度为30 cm。下层为人工介质区,悬挂兼具软性及半软性特征的高效人工介质(可以采用阿克曼水草),大量富集微生物,形成高效生物膜净化区,该部分高度为 60 cm。

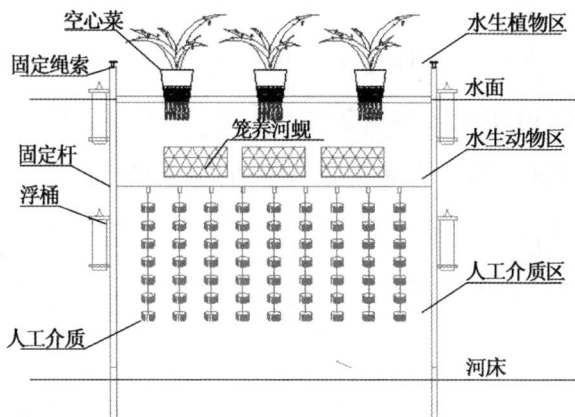

图 4-8　净水组合生态浮床示意图

(2)景观组合生态浮床实例

景观组合生态浮床如图 4-9 所示,通常由 7 个圆形单元 330 mm(直径)×60 mm(厚)拼装,每个单元含一个种植花盆,每个种植花盆直径 170 mm,浮盆由浮岛盘固定,整个系统由固定杆和固定绳索固定,主要放在亲水平台的边角处,可种植美人蕉、水芹、芦苇等植物。

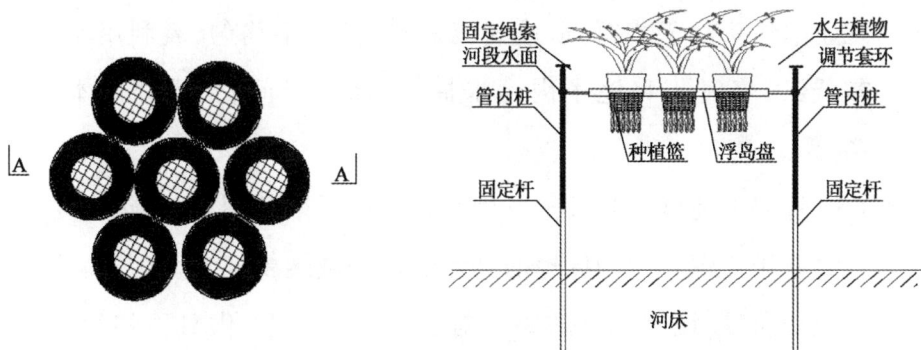

图 4-9　景观组合生态浮床平面和 A-A 剖面图

4.2.3 高效原位增氧装置

含氧量对河道水体水生动植物生长发育及水质的保持影响明显。河道中较低的含氧量极易引起水质恶化等后果。因此,保持河道水体的含氧量对河道生态系统的维持,甚至河岸景观风景带的保护非常重要。除了贯通河道水系、保证河水的更新之外,人工增氧也是一种补充方法,其中的增氧装置是关键。

现有的水力剪切式微纳米气泡发生装置是依靠旋转流场或文丘里结构形成的低压区负压引入气体或直接通入空气,再通过高压区将溶气以气泡的形式释放到流体中,最后经旋转流场的水力剪切作用对大尺寸气泡进行破碎。这种设计的主要问题在于气体吸入量很大程度上取决于负压的形成,在流体本身参数变化或流动状态发生变化时,气体的吸入量难以控制,而流体本身参数的变化也严重影响气泡的释放。微孔曝气装置直接将气体加压泵入微孔材料,通过微孔材料上的细孔产生气泡,再让微气泡融入水体。该方法的不足之处在于曝气头易于堵塞,造成气流短路、供氧不均匀、氧利用率较低,维修时需将池子内污水抽干,修理时间长,维修成本高等。

针对上述微纳米气泡发生装置高耗低效的问题,近年来,一种基于变螺距切割原理的高效低耗的微纳米气泡发生装置被成功研发,该装置可解决当前装置容易堵塞、供氧不均匀、氧利用率较低、制作及运行成本高的问题。

1）新型溶氧曝气装置结构

新型溶氧曝气装置的结构示意图如图 4-10 所示。该装置包括：壳体 1、设置在壳体 1 中的中心轴 3、变螺距螺旋叶片组件 2、支座 5 和导流锥 6，壳体 1 带有一个气液进口和一个出口，进出口沿变螺距螺旋叶片组件 2 的轴向方向布置在所述壳体 1 的两端，进口与气液混合输入管 7 连接，出口与溶气细化流体输出管 8 连接。

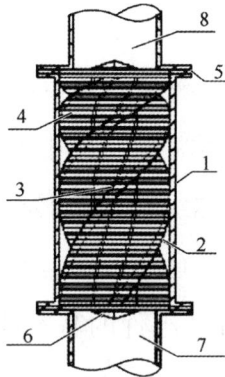

图 4-10   新型溶氧曝气装置的结构示意图

变螺距螺旋叶片组件由沿中心轴（3）依次排列连接的基本叶片单元（4）组成，从气液进口端至出口端的各基本叶片单元内边缘的连接轨迹满足以下等径变螺距螺旋曲线方程：

$$X = \frac{D}{2}\cos t$$

$$Y = \frac{D}{2}\sin t \qquad (4-4)$$

$$Z = b \cdot t^m$$

式中：D——中心轴直径；

t——变螺距螺旋叶片组件上任一点的扭转角度（弧度）；

m——变螺距螺旋系数，$0 < m < 1$；

b——其值为 $L/(2\pi)^m$，其中，L 为变螺距螺旋叶片组件的长度。

中心轴表面有上述等径变螺距螺旋线方程形状的一凹槽，随后将基本叶片单元叠加旋转，组装固定成上述变螺距螺旋叶片组件，中心轴的两端车削有外螺纹，通过带有与外螺纹配合的导流锥（自带内螺纹）组合固定，导流锥可用于均匀分布气液混合流体，同时也有利于减小阻力损失。

组成变螺距螺旋叶片组件的基本叶片单元为一字形或十字形，叶片厚度为 $0.1 \sim 1$ mm，叶片厚度越小，对气液混合物的切割细化效果越好，产生的气泡直径越小，溶氧效率也越高，基本叶片单元的数量根据叶片的厚度和变螺距螺旋叶片组件的长度而定。

装置中的壳体与变螺距螺旋叶片组件固定并紧密配合，壳体、中心轴、变螺距螺旋叶片组件通过支撑支座、导流锥、螺栓、螺母相互连接固定。

对于新型溶氧曝气装置，气体输入通过气体分布器实现，气体分布器为圆柱形,垂直插入气液混合流体输入管内,背向水流处开有出气孔,出气孔的中心位于气液混合流体输入管的轴线上。高速水流经过气体分布器时发生绕流运动,在分布器出气孔处产生漩涡,从出气孔释放的气体在漩涡区水力剪切的作用下迅速得到充分分散。

高溶解氧环境条件下,普通铸铁极易遭受化学腐蚀,所以新型溶氧曝气装置的材质宜采用不锈钢材质,以防止高溶解氧对装置的腐蚀作用。

新型溶氧曝气装置的其他细节如图 4-11～图 4-13 所示。

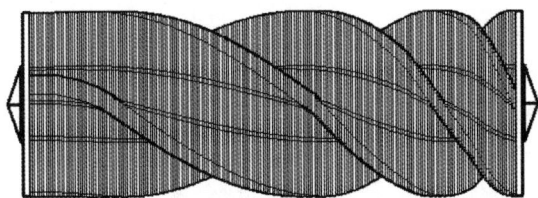

图 4-11　变螺距螺旋叶片组件结构示意图

图 4-12　基本叶片单元
结构示意图

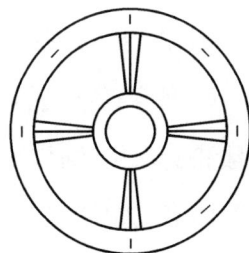

图 4-13　支座结构示意图

2) 新型溶氧曝气装置的优点

(1) 新型溶氧曝气装置中产生的气泡直径较传统曝气装置的小,气泡的比表面积较大,气液两相的接触面积增大,可有效强化氧的传质效率,提高水中氧(或气体)在常温、常压条件下的浓度。气泡直径越小,在水中停留时间越长,越能使氧气保持在水中而不易被释放出来。

(2) 传统曝气装置一般只存在曝气充氧作用,细化切割作用较弱。新型溶氧曝气装置通过构建立体切割数学方程,能将流过该装置的气、水分子团及各种悬浮物和溶解于水中的大分子有机物集团切割细化,从而大大增加物质相互作用的接触面积。在污废水处理中,微生物、污染物、溶解氧可实现充分的混合接触,进而强化好氧微生物的活性,提高去除污染物的能力。

(3) 虽然近年来出现了一些新型微纳米曝气装置,但是存在结构复杂难以加工、流道较窄容易堵塞等问题。而新型溶氧曝气装置结构简单、体积小、不易堵塞、操作方便、维护和使用成本较低,具有良好的经济效益。

(4) 新型溶氧曝气装置能够直接用于好氧生物处理进行污废水处理和受污染水体净化(修复),还可用于富氧水制备、饮料加气等液体溶气领域以及化工生产过程中的细化混合等领域。

3) 新型溶氧曝气装置应用系统

图 4-14 是新型溶氧曝气装置的一种应用系统图,新型溶

氧曝气装置工作时,先打开水泵,曝气水池中的水通过水泵的输送作用在系统内进行循环,氧源(氧气瓶或空压机)通过输气管与气体分布器相连接,打开氧源的控制阀,气液两相在气体分布器的作用下完成气液两相的初步混合。经过初步混合的气液两相流进入新型溶氧曝气装置后,在变螺距螺旋叶片组件的作用下,气液两相流发生旋转,形成螺旋流。同时螺旋叶片能够实现对气泡的机械切割作用,使气泡直径变小。而且装置内可产生径向和轴向的压力梯度,扩大传递界面,产生二次流等复杂流动状态,使得气泡在水力剪切作用下进一步破碎细化,气液两相在装置内混合比较均匀,传质作用充分,水体中的溶解氧能够得到迅速的提升达到饱和甚至超饱和状态,并能保持水体中溶解氧在相当一段时间内维持在较高水平。同时,污染物在经过新型溶氧曝气装置后也能够实现一定的切割细化。

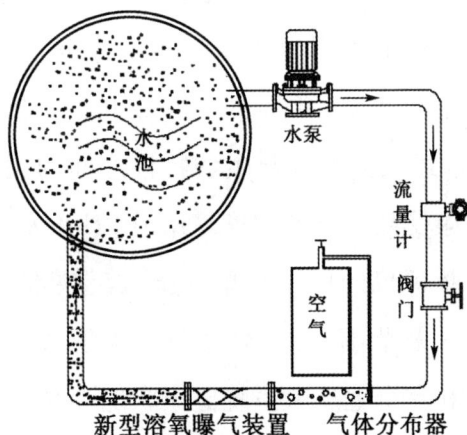

图 4-14　新型溶氧曝气装置的一种应用系统图

4.2.4　水生态修复评价

1）评价方法

（1）指示物种法

从生态学角度出发，当前水生境修复评价体系主要有 2 类：指标体系法和指示物种法。指标体系法是指根据水生态系统的特征和其服务功能建立指标体系，采用数学方法确定其修复状况；指示物种法是指采用一些指示种群，利用其多样性和丰富度来监测水生态系统健康，从而判断其修复状况。下面主要介绍指示物种法。

在指示物种法中，生物完整性指数（index of biological integrity，IBI）是目前水生境修复评价中应用最广泛的指标之一。生物完整性指数由多个生物状况参数组成，通过比较参数值与参考系统的标准值得出该水生境的修复程度。生物完整性指数中每个生物状况参数都对一类或几类干扰反应敏感，因此 IBI 可定量描述人类干扰与生物特性之间的关系，间接反映水生态系统健康受到的影响程度。用 IBI 评价水生态系统健康优于用单一指数评价的原因是单一指数反映水生态系统受干扰后的敏感程度及范围不同，综合各个生物状况参数构建 IBI 可以更加准确和完全地反映系统健康状况和受干扰的强度。

（2）生化指标法

该方法基于化学指标为水体健康的驱动因素，以水生物为水生态系统综合响应群体的逻辑框架,根据水质状态和生态特性,利用层次分析法构建化学与生物复合指标体系,计算各样点健康评价指标,用于综合评价流域水生境修复状态。

① 化学指标。流域中,湖泊水体作为陆地生态系统营养循环库,通过河流承接着陆地生态系统中自然和人类活动释放的大量营养盐。因此,在工业化程度不高的农村,河湖水体中营养盐氮、磷的含量表征了水体的水质。

② 生物指标。水体中生存着各类生物群落,包括生产者、消费者和分解者。大型底栖无脊椎动物在水生态系统中属于消费者亚系统,其摄食和掘穴等扰动活动会影响系统的物质循环、能量流动过程等,多样性程度可以间接反映水生态系统功能的完整性。着生藻类作为初级生产者,不仅可反映系统中消费等级的状况,且能稳固水底的基质,为鱼类和底栖无脊椎动物提供隐蔽场所和产卵场。同时,还能够敏感响应水环境状况的变化,尤其是在氮、磷等无机营养盐浓度方面。

2）评价标准

从理念发展趋势上看,国外的水环境管理经历了"污染—防治保护—生态管理"三个阶段,目前已从污染防治转移到生态系统的恢复与保护,各国在水生态系统保护和修复方面相继颁布过一些综合性手册、导则等。根据不同的修复目标,以自主选择的方式进行水生态修复工程,这样带有灵活性的规定使规划更具适用性,可供我国借鉴。各国的评价导则如表4-5所示。

表 4-5　各国的水生态保护与修复评价导则

国家	名称	颁布时间	备注
英国	*Manual of River Restoration Techniques*	2002 年	
澳大利亚	*A rehabilitation Manual for Australian streams*	2000 年	
美国	*Stream Corridor Restoration: Principles, Processes, and Practices*	1998 年	包括恢复河道走廊动态平衡和功能的方法
美国	*The Wes Stream Investigation and Streambank Stabilization Handbook*	1997 年	河流地貌学与河道演变、河流系统的地貌评价、河岸加固方法综述等
美国	*Hydraulic Design of Stream Restoration Projects*	2001 年	提供系统的水力设计方法
英国	*Manual of River Restoration Techniques*	2002 年	在工程实例中进行了应用的技术
日本	中小河流修复技术标准	2008 年	包括适用范围、设计洪水位、河道岸边线和河宽、横断面形状、纵断面形状、粗糙系数、管理用道路、维护管理部分
日本	中小河流修复技术标准说明	2008 年	阐述中小河流横、纵、横断面形状设计方法,有设计案例集

（1）指示物种法

评价标准的划分是生物完整性指数评价中的关键,目前还不存在一个统一的划分标准。大多数研究以参照点位 IBI

值分布的 25％分位数作为健康评价标准，如果点位的 IBI 值大于 25％分位数值，则表示该点位受到的干扰很小，是健康的；对小于 25％分位数值的分布范围进行 3 等分，分别代表一般、较差和极差 3 个健康程度。根据上述方法，可确定出健康、一般、较差和极差 4 个等级的划分标准。该评价标准基本覆盖了水生态系统不同层次的健康状态，划分出的等级数较为合理，可以区分出研究区域所有评价单元水生态系统健康状态之间的差异，但并不是对所有水生态系统都具有适用性。

（2）生化指标法

按照已有研究成果进行指标计算：总氮（TN）、总磷（TP）、溶解氧（DO）、高锰酸盐指数（COD_{Mn}）、氨氮（NH_3—N）的计算方法为实地采样测量。大型底栖无脊椎动物和着生藻类分类单元数（S）的计算方法为实验室计数。Berger-Parker 优势度指数（D）、大型底栖无脊椎动物（Biological Monitoring Working Party）指数和着生藻类生物多样性指数（H）的计算方法分别如下：

$$D = \frac{N_{max}}{N} \tag{4-5}$$

$$BMWP = \sum t_i \tag{4-6}$$

$$H = \sum_{i=1}^{s} \left(\frac{n_i}{N}\right) \log_2 \left(\frac{n_i}{N}\right) \tag{4-7}$$

式中：N_{max}——最优势种的个体数；

　　　N——功能团全部物种的个体数；

t——每种分类的计分，$1 \sim 10$，分值随生物敏感性增大而增加；

i——科级水平分类数；

H——Shannon-Weaver 多样性指数；

S——物种总数；

n_i——第 i 种物种的个体数。

为消除不同指标之间的量纲差别，同时具有可度量可比较的标准数值，依据各项指标计算结果及专家判断观点值，将研究成果按下式进行标准化：

对于 TN、TP、COD_{Mn} 和 $NH_3 - N$，

$$\frac{V_{max} - M}{V_{max} - V_{min}} \tag{4-8}$$

对于 DO，

$$\frac{M - V_{min}}{V_{max} - V_{min}} \tag{4-9}$$

对于大型底栖无脊椎动物和着生藻类分类单元数 S，

$$\frac{M - Q_5}{Q_{95} - Q_5} \tag{4-10}$$

对于 Berger-Parker 优势度指数 D，

$$\frac{Q_{95} - M}{Q_{95} - Q_5} \tag{4-11}$$

对于大型底栖无脊椎动物 $BMWP$ 指数，

$$\frac{M-V_{\min}}{V_{\max}-V_{\min}} \qquad (4-12)$$

对于着生藻类生物多样性指数 H，

$$\frac{M-0}{3-0} \qquad (4-13)$$

式中，$V_{\max}$、$V_{\min}$——分别指代地表水标准（GB 3838—2002）中 Ⅰ ~ Ⅳ 类水的最大临界值和最小临界值；

Q_{95}——所有样点数据的 95％ 分位数；

Q_5——所有样点数据的 5％ 分位数；

M——该样点测量值。

水生态系统健康评价综合指标反映特定水生态系统结构与功能的健康程度，其计算公式按照综合指数的含义和数理关系构建，包括函数（健康综合指标）、变量（因素层）、权重值（各变量的重要度判断值）和修正值（修正得分范围）四部分。各指标因子采用等权重，修正值通过加权平均法及参考评价标准范围获得。在此基础上建立健康综合指标 I 的计算模型。

即
$$I = a\sum_{x=1}^{n} i_x \qquad (4-14)$$

式中：i_x——因素层指标得分；

a——修正值，一般取值 0.5；

$n=2$。

各因素层指标具体计算公式为：

$$i_c = i_N + i_{DO} \tag{4-15}$$

$$i_N = (SV_{TN} + SV_{TP})/2 \tag{4-16}$$

$$i_{DO} = (SV_{DO} + SV_{COD_{Mn}} + SV_{NH_3-N})/3 \tag{4-17}$$

$$i_B = (i_{DI} + i_{PA})/2 \tag{4-18}$$

$$i_{DI} = (S + BMWP + D)/3 \tag{4-19}$$

$$i_{PA} = (S + H + D)/3 \tag{4-20}$$

式中：i_c——化学指标得分；

i_N——营养盐指标得分；

i_{DO}——氧平衡指标得分；

SV_{TN}——总氮标准化值；

SV_{TP}——总磷标准化值；

SV_{DO}——溶解氧标准化值；

$SV_{COD_{Mn}}$——高锰酸盐标准化值；

SV_{NH_3-N}——氨氮标准化值；

i_B——生物指标得分；

i_{DI}——大型底栖无脊椎动物得分；

i_{PA}——着生藻类指标得分。

基于国内外研究成果及专家咨询，在该范围内确定健康评价等级划分标准，分为 5 个等级：综合指标值为 0.8～1.0 的健康等级为优秀，0.6～0.8 的健康等级为良，0.4～0.6 的健康等级为一般，0.2～0.4 的健康等级为差，0～0.2 的健康等级为极差。

4.2.5　水岸生态化设计技术

　　乡村水岸空间的生态化设计包括滨水空间的场地景观设计与驳岸护坡的生态化措施。滨水空间的场地景观设计应处理好水与道路、水与建筑、水与绿化、水与水、水与人的活动之间的关系,充分发挥滨水环境和景观的优势。而驳岸护坡的生态化措施应着重分析不同驳岸类型的特性以选择最佳的生态化方式(见表 4-6)。

表 4-6　乡村滨水空间布局模式一览表

模式	说明	模式示意图	实证案例
滨水露台	1. 沿河建设大面积亲水平台供居民休闲游憩; 2. 有效利用乡村内小面积闲置地,提高土地利用效率		 江苏省常熟市东青村
慢行步道	利用民居与河道之间的空闲用地修建慢行步道,采用卵石或青砖铺地,增强乡土气息		 江苏省昆山市三联村

模式	说明	模式示意图	实证案例
亭台水榭	1. 利用乡村良好的自然风光,于河湖边修建观赏景亭; 2. 种植乡土树种,保持乡村原真性		 浙江省杭州市萧山区如松村
烟雨长廊	1. 利用滨水长廊进行乡村文化展示; 2. 利用滨水长廊进行休闲游憩; 3. 有利于成为乡村景观特色		 浙江省玉环市前路村

1) 滨湖驳岸

滨湖驳岸有行洪、调节水流和维护岸与水之间物质交流的自然属性。长期以来,由于过分强调水利安全的单一目标,采用水泥、混凝土等不透气材料改造驳岸,不仅破坏了湖泊的自然组成和循环,而且降低了驳岸的景观价值,使人在心理和生理上与水分割开来。大型湖泊的水体较深,在部分地区需要筑高坝防洪,而本书将重点介绍景观型驳岸的生态设计。

（1）植被型驳岸

不同于过去自然原型驳岸,利用植被覆盖堤岸,一方面可巩固堤坝,另一方面可利用植物的沉淀、过滤、吸附和吸收作用净化水体,为水生生物生存和动物栖息提供环境。其中,植物是生态型驳岸的必要组成。植被型驳岸是景观生态驳岸的传统型式,也是自然特征最强的一种,无挡墙,生态性好,投资小,但安全性和亲水性差,可用于水位变化不大的浅水区和滩涂区。植被型驳岸需要注重植物品种的选择和层片结构的搭配,必要时对土壤进行人工特殊处理,以实现安全、景观、生态。在植物的选择上以根系发达、提高护岸抗剪能力、防止风浪冲蚀的植物为主,如狗牙根、结缕草、高羊茅等禾本和水杉、垂柳、夹竹桃等常见植物。见图 4-15。

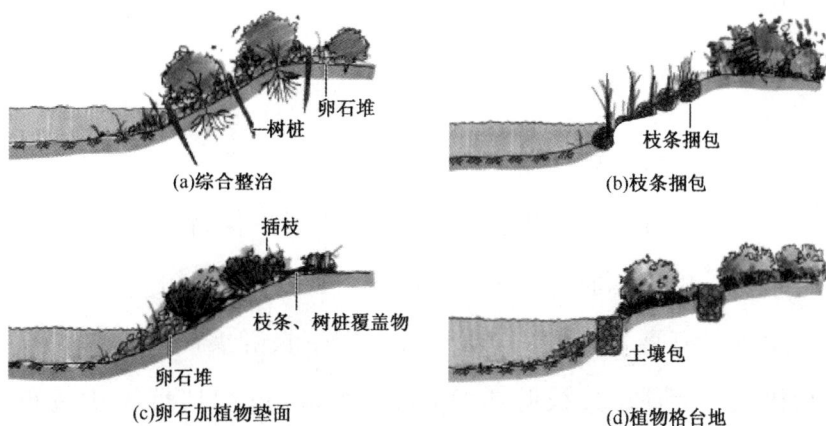

图 4-15　植物驳岸示意图

（2）堆石驳岸

堆石驳岸是在驳岸上无规则堆积或堆放天然石材,用于常水位以上的驳岸,与周围环境结合,有压堤固土的功能。也可以通过抛石的方式堆石,抛石分为直接抛石和袋装间接抛石,可有效增强驳岸特别是坡脚的稳定性,石块间的空隙有利于生物生长繁殖。堆石驳岸的可塑性较强,整体性高,具有生态自愈能力,对于石材缺乏的地区,也可利用废弃的混凝土块节约成本和实现废物利用。

（3）木材型驳岸

利用木桩、木板等组装成木栅栏,或者利用成品柳树桩等围绕驳岸组成。但由于大型湖泊的滨水带有绵长的驳岸区域,木材成本较高且容易寄生生物,较易腐烂,只能适当点缀部分重点的浅水人工景观区域。另外可采用树枝或竹片捆装而成的梢架形成沉梢驳岸,由于其挠性大、空隙率高的优点,可作为流速变化区域的边坡护岸。

2）滨河护坡

（1）自然原型护坡

对于坡度缓或腹地大的河段,可以考虑保持自然状态,配合植物种植,达到稳定河岸的目的。如,种植柳树、水杨以及芦苇等具有喜水特性的植物,由它们生长舒展的发达根系来稳固堤岸,加之其枝叶柔韧,顺应水流,可增加抗洪护堤的能力。

（2）植物护坡

植物在生态治河中将发挥其独特的作用和无法替代的角色。水生植物具有净化水质、美化水面、涵养水源和减少蒸发等功能,为水生动物提供栖息和活动的场所。另外,植物可降低土壤孔隙压力,吸收土壤水分。同时,植物根系能提高土体的抗剪强度,增强土体的黏聚力,从而使土体结构趋于坚固和稳定。模仿自然植物群落构建乡土植物群落护岸,建设成本要比传统的硬质护岸低。

选择的护坡植物应对河道植物群落亲和能力强,既不会被原有群落的植物所抑制而不能正常生长,也不会因它的生长而过分影响其他种类的生长,即让物种之间能互相促进、互相制约。重点应选择土著种类,外来种类必须要避免导致生物入侵的危害。同时,选择的植物在净化水质、固堤护坡、改良土壤等方面应有独特功能。此外,河道植物的配置种植应考虑群落化,物种间应生态互补、上下有层次、左右相连接、根系深浅相错落,以多年生草本植物和灌木为主体,适量种植乔木。见图 4-16。

图 4-16　植物护坡

为了更合理地选取植物护坡模式,可把坡面分为四个区段:岸堤区、面坡区、挺水区和沉水区。

岸堤区的植物护坡模式一般比较单一,通常种植一些灌木、乔木等树种。选取树种的原则一般是要根系较大,生命力旺盛,耐涝耐旱且生长速度较快,可选择种植水杉、意杨、落羽杉、柳树、簸箕柳、刺槐等乔灌木。特别是风景岸堤的种植应为常用的绿带种植形式,需因地制宜,河岸两侧以种植多排乔木为主,并附以固土植被,岸缘植物以藤蔓类植物为宜。有些河道亦可结合亲水平台、园林景观使河道形成风景带,有利于实现生态养生。在滨水植物的选择原则下,通过对自然生态群落模仿,本书推荐以下几种植物配植模式,供乡村河岸风景带打造参考:

朴树＋糙叶树－白檀－淡竹叶＋络石;

杉木－白檀＋金樱子＋水竹－络石;

朴树－榉树－鹅毛竹＋水竹－白顶早熟禾;

枫香＋乌桕－乌饭树＋白檀－淡竹叶＋络石;

枫香＋香樟－乌饭树＋栀子－淡竹叶;

冬青－窄基红褐栲＋枹木＋野鸦椿－淡竹叶;

枫香－盐肤木＋野鸦椿＋野山楂－络石;

枫香＋乌桕－盐肤木＋野鸦椿＋野茉莉－马蹄;

枫香＋香樟－栀子－淡竹叶＋络石;

枫香＋香樟－金樱子－酢浆草;

朴树＋榉树－酢浆草＋络石＋薜荔;

榉树＋枫香－白檀＋乌饭树－酢浆草。

面坡区是河道水土保持的重点,是固土护坡的重要区域。洪水位以上配植中生植物,如香樟、垂柳、小蜡、女贞、桂花、海棠等,增加绿量,要做到乔、灌、草相结合,高、中、低相搭配,形成稳定的河道植物群落,改善河道景观和生态功能。

挺水区一般种植一些挺水植物,常见的挺水植物有荷花及其系列品种、菖蒲、燕子花、泽泻、花蔺、水芋、香蒲、水芹、雨久花、黑三棱、田葱、水葱、芦苇、千屈草、纸莎草等。如果水流比较平缓,挺水植物已经与常水位线之间形成一定的封闭空间,可考虑在这个空间中种植浮水根生植物和漂浮植物,如睡莲、菱、茭白等,以达到美化河道和通过它们实现对两岸向河内径流水的二次净化作用。常水位与洪水位之间配植湿生植物,如草本植物的黄菖蒲、千屈草、蝴蝶花等,木本植物的小叶蚊母树、银叶柳、水团花、细叶水杨梅、牡丹木槿等,应因地制宜,尽可能选用该河道原有的自然生长的种类。

对于沉水区,天然河道在满足河道主要功能前提下,常水位以下配植沉水植物,如苦草、菹草、眼子菜、曲轴黑三棱、金鱼藻、茨藻、水车前等,增加水底生态景观和净化水质;靠近常水位线的浅水河床配植由高到矮的挺水植物,如芦苇、香蒲、水烛、菖蒲、石菖蒲等。植物护坡主要用于小河、小溪的岸坡防护,由于其无法避免河流的直接冲刷,需要较长时间才能恢复生态,对于冲蚀严重的地区很难发挥作用。可以在冲蚀严重地段配合其他类型护坡。

（3）木材型护坡

自然界坚硬的木头如果建于水下岸坡底部，可完整地保持约几十年，水面上部分容易腐烂，尤其是干湿交替的部位更易腐烂。与活体植物不同，由于此类木材不会发芽，一般在使用的同时配以植被恢复措施。常见的有木桩栅栏护坡、活性木格框护坡。

（4）石材型护坡

石材型护坡多用于水流速度快、堤岸受冲刷严重、有防洪需求的河流。石材型护坡运用的材料通常是天然石料。石材型护坡具有成本低廉、来源广泛、抗冲刷能力强、经久耐用等优点。此外，其粗糙的表面可以为微生物提供附着场所，石头与石头之间可成为水生植物和水生动物的生存空间。常见的护坡类型有石笼护坡、半干砌石护坡、干砌石护坡、抛石护坡和山石护坡等。

乡村滨河空间有亲水需求的一般采用石材型护坡。作为滨水驳岸的重要连接部分，村庄对于水域底部需要做出相应改造和提升，一部分采用抛石驳岸的施工方法，另一部分采用人工块石进行水底铺设。通过对河道的生态改造，将河道依地势从高到低分级打造，运用人工块石对水底和落差处进行缓坡铺设，水量大的季节河水流下形成跌水景观；水量少的季节，卵石、块石坡岸显现，便于人们进行盥洗、戏水等亲水活动，具有较大的养生功能。乡村亲水空间生态做法示例见图4-17。

图 4-17　乡村亲水空间生态做法示例

3）池塘驳岸

大多数乡村地区有池塘存在,与滨河空间一起构成了乡村丰富多彩的亲水空间。与滨河空间不同的是,池塘水流流速缓,水深较浅,水域更大,水面距地面更近,具有更好的亲水性。因此,构筑亲水空间是池塘空间设计最重要的部分。

由于池塘水流冲刷小,水土流失问题不严重,因此,池塘驳岸设计时不必过多考虑冲蚀防护。池塘驳岸应多考虑植物驳岸和自然驳岸。生态状况良好的自然水岸尽量避免生态破坏,以保持生态为目的。自然状况较差的水岸处理的重点在于植被恢复,形成乔、灌、草结合的植物驳岸。村庄内部的池塘可以使用干砌石驳岸,形成干净整洁的滨水空间,也可以结合景观石等构筑亲水景观。在人流较大的岸边构筑水埠等亲水设施,且水埠的构筑宜采用当地石材,可体现乡土气息与生态融合。

4.3　污水处理

当前,部分乡村地区生活污水随意排放的现象依然存在,散发出的恶臭气味已对居民的日常生活产生了严重影响,更不利于居民养生。因此,生态养生型美丽乡村的建设需要对乡村生活污水进行有效处理。

4.3.1　分散式处理模式

1)净化槽

净化槽又称为一体化生物接触氧化槽,是一种人工强化生物处理的小型生活污水处理装置,主要在排水管网不能覆盖、污水无法纳入集中处理设施进行统一处理的地区推广使用。净化槽里存在各种类型的微生物(细菌和原生动物),利用这些微生物对污染物质进行分解,达到处理污水的目的。小型净化槽采用玻璃钢增强塑料(FRP)材质,在工厂批量生产,现场安装。乡村污水净化槽见图 4-18。

■断面图

■处理流程图

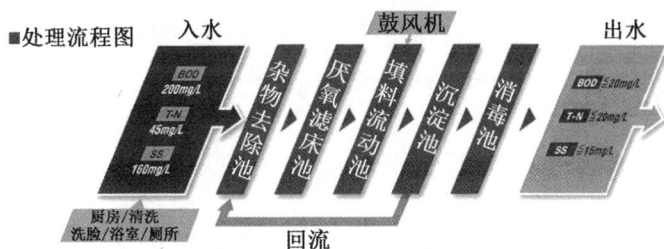

图 4-18　乡村污水净化槽

日处理水量不同,选用的户用净化槽的型号也会不同。以 KJ-5 型户用净化槽为例,表 4-7 列出了其主要技术参数。

表 4-7　净化槽技术参数表

型号		KJ-5
污水处理量/(m³/d)		1.0
主体尺寸/mm	长 A	2 190
	宽 B	1 120
	高 C	1 580
检修人孔/mm	φ600	2 个

型号		KJ-5
进水、出水管径/mm		φ110
进气管径/mm		φ20
容量/m³	杂物去除池	0.752
	厌氧滤床池	0.753
	填料流动池	0.469
	沉淀池	0.320
	消毒池	0.021
	总容量	2.315

2）户用生态利用模块

户用生态利用模块适用于1~2户农户生活污水的治理，也适用于经济、技术基础相对薄弱的村庄及当地水环境容量较大的村庄的生活污水治理。

卫生间污水经出户管进入功能强化的化粪池，厨房污水经户用沉渣隔油井预处理（隔油、沉沙、除渣）后进入化粪池最后一格。化粪池最后一格放置悬浮生物填料，污水中有机污染物在填料表面生物膜的作用下被降解。功能强化的化粪池出水自流进入模块化人工湿地，有机物被微生物进一步分解，氮、磷在人工湿地内经吸附、微生物分解、植物吸收等途径被部分去除或利用。人工湿地前端或后端设有储水箱，配置喷灌设施，出水可用于作物浇灌，实现水资源及氮磷资源的利用。户用生态利用模块工艺图如图4-19所示。

图 4-19　户用生态利用模块工艺图

4.3.2　相对集中式处理模式

1）脉冲生物滤池技术

本技术针对乡村生活污水水质、水量变化较大，污水排放分散等特点而设计，适用处理规模为 5～100 t/d。

河网区、平原或地形较为平坦的地区住户相对集中，户数从十几户至数百户，有排水落差的乡村可利用自然地形落差进入滤池，避免水泵提升。

脉冲生物滤池技术适用于乡村、生活小区、中小企业的生活污水处理，也适用于对景观要求较高的乡村生活污水的处理。其工艺组合可灵活设置，当要求控制出水中的氮、磷时，脉冲生物滤池部分出水回流至前端水解/脱氮池进行生物脱氮，另一部分出水进入水生蔬菜型人工湿地或潜流型人工湿地，进一步去除氮、磷。当不要求控制出水中的氮、磷时，脉冲生物滤池出水可直接排放。在具备条件时,应首先考虑利用脉冲生物滤池出水种植蔬菜或灌溉农田,实现生活污水的回收利用及尾水中氮、磷的资源化利用。若处理设施附近有沟渠、池塘、洼地时,可对其进行生态化改造,构建生态处理单元,脉冲生物滤池出水中的氮、磷在生态处理单元内得到进一步削减。脉冲生物滤池工艺见图4-20。

图 4-20 脉冲生物滤池工艺图

生活污水经管网收集后首先进入水解/脱氮池,然后由提升泵送至滤池顶部的高位水箱,经脉冲布水器周期性均匀喷洒进入滤池,滤池中滤料上的微生物在有氧条件下降解有机物,转化氨氮为硝态氮。需要脱氮时,滤池出水按回流比一部分回流至水解/脱氮池进行反硝化脱氮,另一部分通过布水管进入水生蔬菜型人工湿地或潜流人工湿地,进行氮、磷的利用与进一步去除。湿地内铺设介质,种植植物或蔬菜,污水流经介质缝隙和植物根系时,通过过滤、吸附、植物根系吸收转化、微生物分解、化学沉积等作用实现对污水中氮、磷的去除。

水解/脱氮池水力停留时间为 $10\sim16$ h,脉冲生物滤池平均水力负荷 $10\sim13$ m³/(m² · d),水生蔬菜型人工湿地平均水力负荷 $0.15\sim0.3$ m³/(m² · d),潜流人工湿地平均水力负荷 $0.3\sim0.5$ m³/(m² · d)。在水环境非常敏感区域,人工湿地平均水力负荷 $0.1\sim0.2$ m³/(m² · d)。当对出水中总氮、总磷没有要求时,可不设人工湿地,减小了处理设施占地面积。

2) 组合型人工湿地

组合型生态湿地可用于分散或集中的乡村生活污水处理,一般适用于 20 户以上(水量 10 m³/d 以上)的乡村。生态湿地一般可以借用原有地形和高差,同时因湿地景观性好,特别适用于星级乡村、美丽乡村等乡村改造工程,可增加景观和多功能性。

组合型人工湿地技术来源于德国生态湿地技术,采用模拟自然的方式处理生活污水,设施依乡村条件量身定制,与当地生态景观相协调,与居民生活环境相和谐。人工湿地利用生物、物理和化学过程来去除和分解污水中的污染物,并对沉淀污泥进行脱水和矿化。

人工湿地对设备要求不高,对管理人员技术要求也很低,只要求对湿地表面的绿化景观进行修剪,难度类似于农田管理,普通乡村居民很容易上手。同时,利用人工湿地的方式对污泥进行脱水和矿化后,能够实现返田,节约资源。建成后的湿地自身即为一种景观,与乡村环境相协调,能丰富乡村绿化量和景点,也可起到调蓄雨水径流的作用。组合型人工湿地工艺见图 4-21。

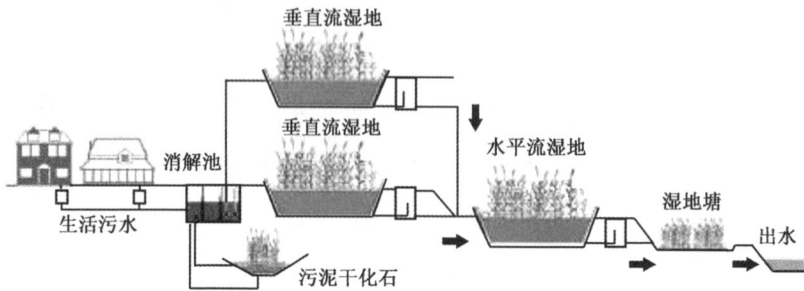

图 4-21 组合型人工湿地工艺图

组合型人工湿地一般按"垂直流湿地＋水平流湿地"的方式设计。垂直流湿地至少 2 个单元,每个单元的面积不少于 25 m²,具体设计按照水力负荷 $0.1 \sim 0.2$ m³/(m²·d) 和 COD 有机负荷 0.3 kg COD/(ha·d)进行。水平流湿地为垂直流湿地出水的进一步净化,面积为垂直流湿地面积的 30%～50%,一般为 1 个单元,也可以根据实际情况分成若干个单元并联。

植物的选择与搭配应因地制宜,总体要求要耐水、根系发达、多年生、耐寒,兼顾观赏性、经济型。推荐种植的植物有细叶莎草、水葱、芦苇、小香蒲、黄菖蒲、芦苇、芦竹、水生美人蕉等。

乡村生活污水包括厨房、洗涤、洗浴和厕所冲洗排放污水等。粪便污水可汇入三格式化粪池或沼气池,饭店污水汇入隔油池,其他污水可直接进入排水管网。乡村排水系统应委托具有相应资质的单位进行设计、施工。污水管道管材应采用 UPVC 塑料管、高密度 HDPE 塑料管等塑料管材,严禁使用混凝土管或陶土管。推荐采用塑料、玻璃钢等材质的成品检查井。

4.3.3　管网规划

对于乡村污水的收集应遵循"雨污分流、应收尽收、因村制宜、经济合理、安全可靠"的原则。乡村排水体制分类见表 4-8。乡村排水体制应尽量采用分流制（图 4-22）。经济条件一般或欠发达地区近期可采用不完全分流制，有条件时过渡到完全分流制。某些特殊地区或已经采用合流制的乡村，近阶段可采用截流式合流制（图4-23）。污水管网可沿已建成道路规划或规划建设的道路铺设，应充分利用自然高程从高向低收集污水，同时避免穿越河道、铁路、主要公路等现状设施，以减少施工、动力及运行成本。

表 4-8　排水体制分类

分流制	设置单独的污水收集管网，雨水通过沟渠、管道或地表径流等就近排入水体		
合流制	用同一管渠收纳生活污水和雨水的排水方式	直流式	将管渠系统就近向受纳水体敷设，混合的污水未经处理直接流入水体
		截流式	将混合污水一起排向截流干管，晴天时污水全部送到污水处理系统。雨天时，混合水量超过一定数量，其超出部分通过溢流排入水体

111

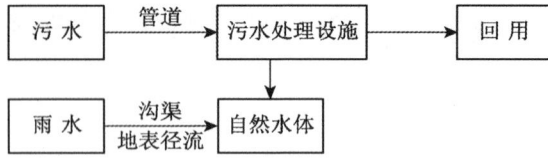

图 4-22　分流制排水系统

采用分流制排水系统的乡村应敷设独立的污水收集管网,雨水收集可根据各地实际采用沟渠、管道收集或就地自然排放。雨水收集应充分利用地形以自流方式及时就近排入池塘、河流等水体。

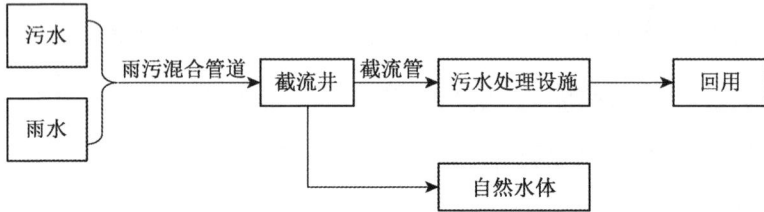

图 4-23　截流式合流制排水系统

采用截流式合流制排水系统应在进入处理设施前的主干管上设置截流井(图 4-24)或其他截流措施,晴天的污水和下雨初期的雨污混合水输送到污水处理设施处理后排放,混合污水超过截流管输水能力后溢流排入水体。

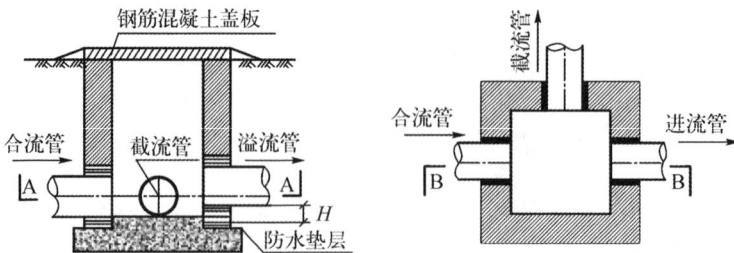

(注:H 应由专业人员设计确定)

图 4-24　截流井示意图

4.4　公共景观营造

4.4.1　绿地建设

1）环村林带建设

环村林带主要指农田林网和护村林带。这些绿地以发挥生态防护功能、降低风速、控制土壤侵蚀、创建生物栖息环境和保护生态系统为目的，是乡村环境的生态屏障，对维护乡村生态系统的平衡和居民正常生活具有重要的意义。

在进行配植时，一方面以上述功能性为出发点，另一方面以经济性为考量。除常用的速生树种水杉、杨属植物之外，以乡土植物为主体，稳定的植物群落为基础，配植具有复层结构和少人工维护的防风林体系。上层乔木选择较为峭立或分枝点较高或枝叶较为稀疏的植物种类，以保证林下灌木、草本的健康生长；中层灌木以喜阴、耐阴植物为主，同时可搭配一定喜阳于林缘。本书对防护林带的植物配植有如下参考：

杉木－野鸦椿＋栀子－淡竹叶＋黄毛耳草；

白栋－野鸭椿＋山胡椒－淡竹叶；

榉树－野蔷薇－络石＋酢浆草；

朴树－刺槐－白檀＋金樱子－淡竹叶＋络石；

麻栎＋栓皮栎＋冬青－窄基红褐枵＋柃木＋野鸦椿－淡

竹叶；

　　杉木－窄基红褐柃－淡竹叶＋麦冬；

　　白栎－狭叶山胡椒＋山胡椒－淡竹叶；

　　青冈＋枫香－野茉莉＋白檀＋野鸦椿－淡竹叶；

　　榉树－山胡椒＋狭叶山胡椒＋白檀－爬山虎。

2) 游园建设

　　乡村的中心绿化主要包括乡村公园、小游园、活动广场、集会广场等的绿化。通常乡村聚落由于人口现状与用地状况无须建设大的公园绿地，而采用小公园或者见缝插针式的小游园绿地形式。这类绿地的主要功能体现在其观赏性，次要功能是文化性和经济性。

　　（1）植物选择

　　游园空间涉及绿化植物的选择、生态铺装的运用、小品构建和辅助设施的使用等。

　　游园空间绿地植物配植应做到以乔木为主，多选择绿量大、寿命长、冠径大的树种，以便形成绿色骨架，辅栽灌木植物，逐步形成错落有序的景观。步道边栽植一些花期长、易管理、色泽鲜艳的时令花卉，达到调节心情、减轻疲劳的效果。采用点、块、丛、带等生态园林绿化栽植方法，乔、灌、花、果、草、藤合理配植，形成多层次多色彩的景观带。

　　通过对自然生态群落的配植模式的研究与模仿，本书总结出下面几种植物配植模式，供乡村公园参考选用：

　　朴树＋榉树－乌饭树＋白檀－五节芒；

榉树＋香樟－野鸭椿＋扶芳藤－酢浆草；

榉树＋糙叶树－白檀＋扶芳藤－薜荔；

香樟＋无患子－乌饭树＋金樱子－爬山虎；

香樟＋光皮树－白檀＋鹅毛竹－酢浆草。

此外,除了对生态性的要求外,乡村公园的植物配植还要结合周边建筑特点进行树种选择,如在祠堂周边可适当栽植品种名贵、色彩鲜艳的三角梅、黄金宝树等植物,在庙宇周边则适合栽植菩提树、佛肚树等以增加其意境,在墓地周边则适合栽植龙柏、相思树等以显示庄严和缅怀。

结合当地特产进行树种选择。根据当地特色农产品开花、采摘的季节选择树种,可以达到土特产的观赏、采摘与乡村公园季相变化相呼应的叠加景观成效,达到"一村一品"的乡村公园建设目的和成效。

还可结合当地民俗进行树种选择。各地民俗中有特定的喜爱树种和排斥树种,应根据当地居民的喜好进行树种选择,这可以增强当地居民对乡村公园建设的接纳性和参与性,有利于乡村公园建成后的维护和管理。

（2）生态铺装

生态铺装包括嵌草砖、透水性混凝土及砂砾材料等三种材质。其中,嵌草砖包括两种形式:一种是用在块料铺装中,在块料之间留有空隙,在其间种草;另一种是混凝土预制植草砖,这种植草砖比其他块料或混凝土整体铺装具有更好的透水、透气性,能降低路面的地表温度,容易与自然环境相协调。

透水性混凝土属于新型的环保型、生态型铺地材料,目前用于道路铺装的透水性混凝土主要有三种类型,即水泥透水性混凝土、高分子透水性混凝土、烧结透水性混凝土。透水性混凝土的透水效果和环境效益均较好,径流量和流速均小于普通路面,减少了灌溉用水,并且可以改善树木的生长环境,减少路面辐射,增加湿度,降低温度。透水铺装示意图见图4-25。

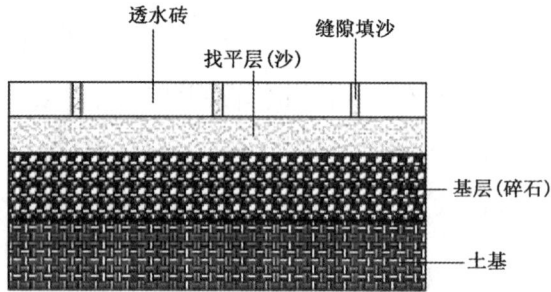

图 4-25 透水铺装示意图

对于砂砾材料,常用的砂砾材料有海砂砾、细磨石砾(土黄)、天然粗沙、机械碎石、圆卵石等。砂砾铺成的园路耐踩性强,雨水能够很快渗入土中,可保持园路清洁,不会造成泥泞。颗粒大小均匀的砂砾可使人脚感舒适、平整,既环保又能给人带来一种天然的感觉。

4.4.2 活动空间建设

1) 文化活动空间

乡村文化活动空间一般指文化广场等供居民进行舞蹈、

戏曲等文化活动的场所。乡村文化广场的选址可以是一些规模较大的宗祠、寺庙门前,或依托村委会、乡村公园等,也可以根据居民的意愿合理进行选择。乡村文化广场的设置应尽量避免对原有树木的破坏。

乡村文化广场的规模应根据实际需求,既能满足居民日常的休憩、集会、戏剧舞蹈等活动,又需避免因过大而造成的资源浪费,同时应根据实际需要设置舞台、景墙等,满足文化活动需求,切实促进乡村居民的养生功效。

文化广场的铺装类型应根据周围环境进行选择。在宗祠、寺庙等传统建筑周围的广场,铺装材料和纹理都要向传统靠拢,使用体现传统面貌的花岗岩板、透水砖等进行铺装;在面貌较为现代的村庄,文化广场的铺装可以采用透水混凝土等现代材料。在不影响活动的区域可以种植便于维护的灌木、草本植物等,保证敞开的面积,避免过度硬化,方便雨水下渗。广场周围种植乡土乔木进行遮阴,可以选择观果观花树种,结合灌木、草本植物等营造丰富的景观,结合树池设计座椅等,方便居民休憩。

2)体育活动空间

乡村体育活动空间主要是球类运动场和运动设施区域。乡村运动场的构筑应根据居民的意愿和运动基础,创造居民喜闻乐见的球类运动场所,保证运动场的使用率。运动场地应考虑排水沟等设施,便于雨季使用。乡村运动设施区域可以设置在体育活动空间周围,方便使用。运动设施区域铺地选用植草砖、透水混凝土、砂砾等透水材料。在不影响使用功能的前提下见缝插绿,进行绿化和遮阴。

乡村篮球场由于其使用强度低,使用人群多以健身活动为目的,少有正规的比赛需求,因此不必按照城市篮球场的规格建设。考虑到节约土地资源、降低成本并尽可能多地满足居民的活动需求,乡村篮球场的选址和建设可以灵活多变。在一些较为零碎的地块上可以按照半场的规格来建设,在人群需求高、处于聚落中心的位置可以采用较高规格的篮球场。由于乡村活动空间的使用强度不高,为了充分利用活动空间,可以在乡村的戏曲广场、集会广场等空间加建篮球架,方便居民空闲时在这些空间进行体育锻炼。

乡村篮球场的铺装要根据实际情况灵活多变地使用材料,在满足使用需求的同时,尽量使用生态环保的材料。乡村篮球场由于其使用人群的业余性及人群运动强度较低,因此根据实际情况,在无高强度运动的场地不必进行专业化的铺装。在条件一般、需求一般的地方,篮球场的铺装可以选择与混凝土相比透水性更好的三合土。在与其他活动空间(如戏曲广场等)相结合设计时,铺地可以选择表面较粗糙的透水砖等铺装,既增加场地使用率,又满足使用需求。在较为正式的篮球场,要注意周围的绿化遮阴处理,不必要的区域避免硬质铺装,看台等设施可以采用石材等自然材料。乡村篮球场做法示例见图4-26。

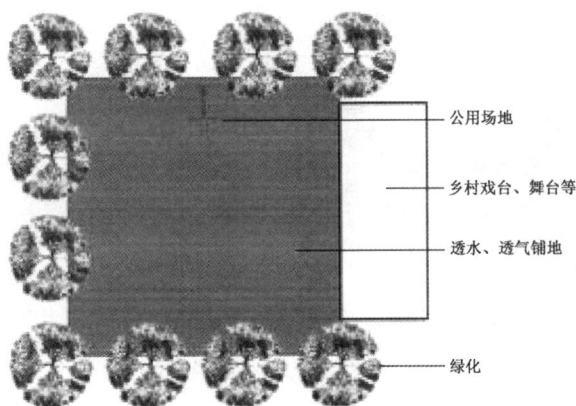

公用场地

乡村戏台、舞台等

透水、透气铺地

绿化

图 4-26　乡村篮球场做法示例

3）村口空间

（1）植物标志型村口

一些村庄的村口选取较为独立的、明显的标志性植物，根据周围环境可以较为自然地处理，借助地形、地质等自然景观，运用当地的石材、木材等自然材料进行修饰，构成一道村口景观；也可以对地形地貌进行人工修整，对土地进行硬化处理，构筑台地、围篱等，使环境更加整洁，标志性更为明显。可以在适当的位置添加村名、村庄介绍等文字标注。设计中应使用当地的自然材料，比如石头、木材、土坯等，尽量避免使用水泥、塑料等工业化材料。植物型村口见图 4-27、图 4-28。

（2）景观小品型村口

使用简单的构筑物来营造景观小品或者直接使用构筑物作为村口标志的均可归类为景观小品型村口（见图 4-29）。此类型村口的设计分为两种：

图 4-27　植物型村口

图 4-28　植物型村口设计举例

图 4-29　小品型村口示例

第一种村口为观光休闲功能服务型村口,这类村口对观光休闲宣传、指示等功能要求较高,一般要求形象突出,易寻易记,具有较多的宣传与指示文字,并且要求在色彩、材料、设计意象等运用上体现当地文化与特色。在条件较好的乡村，一般这种村口配有观光休闲服务大厅、广场等配套设施。条件一般的乡村多使用牌坊等标志搭配简单的景观营造村口空间。这类村口的营造要避免精致化，要表现出乡土、简单、粗放等符合乡村气质的特点。可以使用废旧木材、废旧砖石等材料，既能体现乡村风貌，又能废物利用。村口空间要能与乡村整体风格融为一体，不能过于突兀。

第二种村口对观光休闲宣传的功能要求较低，适用于一般村庄。这类村口可能是简单的构筑物，起到一定的宣传作用，也可能是当地居民生活环境的一部分，景观的功能大于宣传的功能。这类村口的营造可以搭配小广场、小游园等供居民日常停留休憩、养生。这类村口的营造要注意尺度不能过大，铺装尽量使用乡土材料，注意绿化遮阴等措施。

（3）广场型村口

除了景观功能外，广场型村口还承担着人群停留、集散、活动等功能，涉及的设计要素包括铺装、绿化、小品、设施等。

① 铺装：尽量避免硬质铺装，可以使用透水混凝土、嵌草砖、传统石材等替代传统混凝土进行铺装，增强地表水循环，减少夏季热辐射。

② 绿化：选用乡土植物进行绿化和景观营造。使用高大乔木进行遮阴。在大面积绿化的地方考虑使用乔木、灌木、草本植物结合的绿化方式，并考虑自然生态群落的植物搭配。在景观营造上考虑常绿与落叶树种的搭配，考虑有色树种的使用。

③ 小品:景观小品的营造应考虑到生态成本与乡土特色,尽量使用自然素材与当地特色素材,体现自然情趣与地域特征。后期的维护应简便,减少废料的产生。

④ 设施:广场上布置如坐凳、景牌、园艺灯具等设施,应注意生态化技术的使用与风格统一。

村口广场的尺度不宜过大,大小要既满足人流高峰的使用又符合乡村的尺度。在人流较大的村庄,村口广场应设计出入口,避免流线冲突。村口广场的形态设计可以根据地形的变化而变化,在形态上体现自然生态特征。广场的风格采用古朴、原生态或现代化的风格,应与村庄的风格保持一致,广场铺装、绿化、小品、设施等的风格、色彩、形式应保持和谐统一,并体现生态养生的主旨。

4.5 节能降噪

4.5.1 清洁能源利用技术

解决乡村能源问题,既能保证乡村居民的生产生活,又能使居民用上适合现代文明要求的清洁能源,有利于居民身心健康。在美丽乡村建设中,应重点发展适合乡村特点的清洁能源。

1) 太阳能利用

(1) 太阳能热水系统。对于大多数乡村目前现状条件而言,主动式太阳能利用以热水器为主。太阳能热水系统主要由太阳能集热器、传热介质、蓄热水箱、连接管路等部件组成,太阳能集热器收集太阳辐射,传热工质吸收热量通过循环方式将水箱中的水加热。为保证阴雨天气的正常使用,可以增加辅助加热装置,保证用户的热水需求。将太阳能集热板与坡屋顶相结合设计,为美观与空间充分利用,将储水装置安装于坡屋顶内部。

(2) 太阳能光伏发电系统。乡村地区的光伏利用主要有以下四种方式:建立大规模光伏发电站,适用于有大面积荒地且太阳能资源丰富的区域;利用屋顶建立小型分布式光伏电站,有效利用原有空间;建立光伏农业大棚,所发电量用于支持大棚的灌溉系统,解决温室大棚冬季供暖需求,对植物进行补光,提高大棚温度,促使农作物快速生长;使用太阳能光电照明,在白天有光照条件时,太阳能电池板吸收太阳能并转化为电能,由蓄电池储存,夜间蓄电池提供电能,满足照明需求,照明灯具主要有草坪灯、庭院灯、高杆灯和景观灯等。

(3) 太阳能采暖系统。太阳能采暖系统利用太阳能集热器收集太阳能对室内进行供暖,按照利用方式可分为直接供暖和间接供暖。直接供暖包括主动式太阳能供暖和被动式太阳能供暖。被动式采暖属于自然采暖方式,主要通过对建筑物的方位、布局、结构的合理布置与建筑的内、外结构特点来吸收和贮存太阳辐射能,并且通过巧妙的布局尽量减少热量的散发,达到采暖的目的。这种采暖方式应用的局限性较大,当前尚未得到大规模推广。主动式采暖系统主要由太阳能集热器、储热装置、传递设备、控制部件与备用系统组成,按照集热工质可分为太阳能热水采暖系统和空气集热采暖系统,以及太阳能和热泵联合运行作为热源的太阳能热泵系统。

(4)节能日光温室。又称暖棚,由两侧山墙、维护后墙体、支撑骨架及覆盖材料组成,是一种在室内不加热的温室,通过后墙体对太阳能吸收实现蓄放热,维持室内一定的温度水平,以满足蔬菜作物生长的需要。

2)沼气利用

(1)传统的农村沼气利用方式。沼气炊事利用的主要设备为沼气灶,一般由灶架本体、电子打火器、进气三通管、火盘、沼气阀体总成等构成。阀体开关选用陶瓷材料,能抵抗沼气中腐蚀气体的侵蚀,延长沼气灶的使用寿命,适应于广大农村沼气用户使用。沼气照明利用的主要设备为沼气灯,一般由灯体、灯罩、纱罩、弹片、灯头、引射管、喷嘴接头和吊钩等构成。沼气经由输气管由喷嘴喷入引射器,吸入一次空气并充分混合,从喷火孔喷出燃烧,在燃烧过程中得到二次空气的补充。利用沼气灶具、灯具的燃烧增加育雏舍内的温度和光照等方面可以实现对沼气的充分利用,以沼气为纽带,集能源、养殖为一体,充分利用了乡村可再生资源。

(2)沼气发电。随着沼气利用技术的不断发展,沼气燃烧发电技术正被作为沼气利用的一种有效方式得以积极推广。它将厌氧发酵处理产生的沼气用于发动机组,产生电能和热能,综合热效率可达 75%,具有节能、环保、高效等综合性能。为了保证安全用气,沼气必须进行疏水、脱硫化氢处理,并且在发动机的进气管上设水封装置,防止水进入发动机。沼气发电的形式按所用的燃料可分为单燃机和双燃机。其中,单燃机为电火花点火式,以沼气作为燃料。双燃机为液体燃料引燃式,燃料为沼气和柴油,以沼气为主,少量的柴油用于引燃。

（3）沼气燃料电池。燃料电池将储存在燃料中的化学能直接转化为电能,与沼气发电机发电相比,沼气燃料电池发电不仅能量利用率高,而且噪声小,所排放的硫化物和氮氧化物的浓度低,是一种清洁、高效、低噪声的发电装置。

3）秸秆资源利用

秸秆作为新型生物能源具有多功能性,可作为燃料、饲料、肥料、工业原料等,在种植(养殖)业综合利用、能源化利用以及以秸秆为原料的加工产业中具有显著效益。

（1）秸秆热解气化。农作物秸秆在气化炉中缺氧的状态下燃烧,在温度为 $700 \sim 850℃$ 的温度下发生化学反应,生成甲烷、氢气、一氧化碳等气体燃料,可直接用于生产生活用能。

（2）秸秆直接燃烧和压块固化燃烧法。直接燃烧法是直接将秸秆原料集中、粉碎、干燥后投入锅炉中燃烧进行发电;压块固化燃烧法是将秸秆粉碎,通过机械热压成型,作为燃料直接燃烧,可替代煤、油等用于小型锅炉、居民燃料。

（3）秸秆液化。秸秆经过热解液化可产生生物油,可直接作为锅炉等热力设备燃料,经再加工处理可替代柴油、汽油,降低对原油的依赖度。秸秆经过生物工程发酵处理可生产燃料乙醇,是新型生物能源。

4.5.2　建筑节能技术

适宜的建筑节能技术对乡村住宅的能源节约、能源利用效率的提高、环境污染的降低以及生活品质的提高等均有明显的促进。

1）墙体材料

乡村住宅墙体节能设计时应采用单一节能墙体代替传统240 mm 砖墙。单一墙体节能指通过改善主体结构材料本身的热工性能来达到墙体节能效果;可选用加气混凝土墙材、空洞率高的多孔砖或空心砌块作为单一节能墙体,使墙体节能水平有较大幅度的提高。对于东西山墙,经有关节能计算分析,若采用 300 mm 加气混凝土墙材或 360 mm 承重多孔砖墙体就可满足节能要求,多孔砖既节约土地资源,又具有保温的功效,而且隔声降噪效果好,更有利于居民居住所需。

2）窗户材质

对最易散热的外窗全部采用传热速度慢的中空塑钢窗。

当采用两层玻璃后,就可增加外窗的气密性、水密性和抗风压性,又可隔绝室内与室外的空气对流,避免造成能量损失。适当控制窗墙比,安排好门窗相对位置及开启方式,组织穿堂风通过。由于推拉门窗的气密性比平开门窗差,设计时应优先考虑采用平开门窗。

3) 屋面设计

对于坡屋面,在顺坡方向铺钉保温隔热材料,并利用阁楼通风散热即可满足有关节能标准要求。对于平屋面部分应加强隔热层并设架空气通风层,并在空气层内贴热反射材料。设倒置式屋面有利于保护防水层使其更耐久。另外,可在平屋顶上进行无土种植,以蛭石、锯末以及碎麦秸秆等质轻、松软、热导率小的材料铺在屋面上,不但能使屋顶重量比同厚度土壤轻 2/3,而且这些材料的贮水、绝热性能都好于土壤,能缓解暴晒及骤雨造成的建筑物表面的温差变化,保证住宅内的冬暖夏凉,利于居住养生。

4) 墙面立体种植

在院落的南侧与西侧分别选取不同的植被种类进行墙体种植。植被不应直接附着在墙体上以免对墙体产生侵蚀破坏,故可安置骨架使得植物沿骨架生长。在西侧墙体可选取喜阴的爬藤植物,既美观又防西晒,既具有观赏价值又可降低夏季能耗;在南侧墙体种植可食用景观,如笋瓜、西红柿等,强化空间的生态化利用。墙面立体种植见图 4-30～图 4-32。

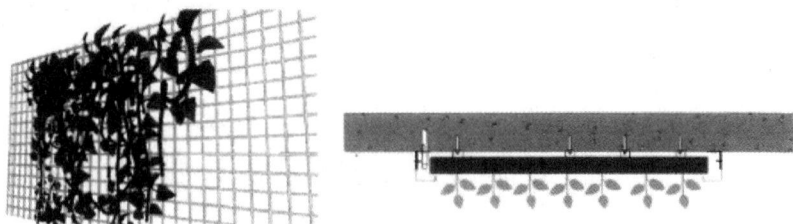

图 4-30　庭院西侧网架种植

图4-31　庭院东侧骨架种植　　图 4-32　庭院南侧种植式推拉遮阳设计

5）建筑通风

自然通风是利用室外风力造成的风压和室内外温差造成的热压来实现建筑内外的空气流动，不需空调设备来维持的一种简单通风方式。通常在夏季和过渡季节使用，当自然通风不能满足室内的降温要求时，使用机械通风或空气调节系统。

常见的自然通风方式有贯流式通风、竖井通风、双层玻璃幕墙、建筑物开口优化配置、通风隔热屋面等。

（1）贯流式通风。俗称穿堂风，指的是在风压作用下室外空气从建筑迎风侧进入室内，贯穿内部，从另一侧的出风口流出的自然通风,它是目前应用效果最好的自然通风方式。

（2）竖井通风。主要利用热压进行自然通风,以风井或者中庭中热空气上升的烟囱效应为驱动力,加速建筑内部的空气流通。

（3）双层玻璃幕墙。又称呼吸式幕墙,由内外两道玻璃幕墙组成,两层之间有空腔,空腔两端设有可以控制的进风口和出风口。夏季打开进风口和出风口,利用室外新风进入热通道带走热量从上部排风口排出可减少太阳辐射热的影响,无须专用机械设备,维护和运行费用低,节约能源;冬季关闭进出风口,减少室内与室外温度交换,两道玻璃幕墙内形成一个"阳光温室",提高围护结构的表面温度,有助于减少热负荷,降低供暖设备的能耗。

（4）建筑物开口优化配置。建筑物开口的优化配置以及开口的尺寸、窗户的形式和开启方式,窗墙面积比等的合理设计直接影响建筑物内部的空气流动以及通风效果。据测定,当开口宽度为开间宽度的 1/3～2/3、开口大小为地板总面积的 15％～25％时,通风效果最佳。开口的相对位置对气流路线起着决定作用。进风口与出风口宜相对错开布置,这可使气流在室内改变方向,确保室内气流更均匀,通风效果更好。

（5）通风隔热屋面。常见的通风隔热屋面有结构层上部设置的架空隔热层与结构层中间设置的通风隔热层。利用通风间层的外层遮挡阳光,使屋顶变成两次传热,避免太阳辐射热直接作用在围护结构上,同时利用风压和热压的作用,带走进入夹层中的热量,减少室外热作用对内表面的影响。

4.5.3 声环境改善

乡村良好的声环境更加有利于生态养生效果的发挥。然而随着乡村经济的发展，居民生活水平的提高，乡村地区的机动车数量日益增加，随之而来的汽车噪声无疑会影响居民的日常生活和身心健康。乡村的声环境质量正日益恶化，迫切需要改善。在生态养生型美丽乡村建设中也应该将声环境纳入建设范围。

1）降噪措施

总体上讲，噪声治理途径大致有两种：一种是降低噪声源声压级；另一种是在噪声源和噪声接收点之间加入降噪措施，以此降低接收点附近的声压级。对于生态养生型乡村的噪声治理，首先要在乡村设计布局阶段避开显著的噪声源，尽可能消除噪声对乡村的干扰；当噪声不可避免时，采取合适的降噪措施，尽可能降低噪声源的源强或者阻断噪声的传播路径来降低噪声对乡村居民的影响。

声屏障就是在噪声的传播途径上插入障碍物，即在声源和接收点之间放入屏障，阻碍声波的传播，达到降低接收点声压级的功能。目前，可用于制作声屏障的材料有金属、玻璃、复合材料等。声屏障的外形有直壁式、圆弧式、倾斜式、尖劈式等。一般来说，在乡村区域附近的国道、省道、高速公路等沿线均需设置声屏障，声屏障一般有效降噪高度约为3～5 m，一般能够降噪 5～10 dB,不同种类、不同材料的声屏障在降噪能力上略有差异。

具体而言,对于村庄内部穿村而过的道路,如果在道路两旁设置声屏障会影响居民日常的生活。因此,对于乡村居住区来说,可以利用居民住宅自带的院落围墙等作为声屏障,通过适宜的院墙高度和合适的院墙材料等在道路和居民居住的室内之间形成一个声屏障,降低交通噪声的影响;也可以利用公共建筑掩蔽交通噪声,作为居住区的实体声屏障。村庄内的公共建筑诸如商店和农家乐等尽量沿路旁布置,一方面方便游客进行购物、消费等活动,另一方面作为实墙体的隔声屏障可以为内部住宅区域有效减小噪声污染。

2）乡村水声景的营造

水是富水乡村丰富的资源之一,也是乡村环境景观设计中的一个非常重要的自然设计因素。因此,利用富水乡村丰富的水资源,在富水乡村中引入水景,对于整个乡村声环境的构建有着非常重要的作用。

富水乡村水声景的营造,不仅要注重营造水声景给人在视觉上的感受,更重要的是水声景给人在听觉上的感受,给人们带来听觉上的舒适感。水声景观的设计要考虑到不同的水体形态产生的不同效果,以此选择合适的水声。乡村水景观可以分为自然水声景观和人工水声景观,自然水声景观有溪流、沟渠等,人工水声景观有水池、跌水、喷泉等,其中溪流、跌水、喷泉等水声景观属于动态的水体,在流动或喷洒的过程中会发出不同的声音,在吸引人们注意力的同时提高人们的听觉舒适感。水池等属于静态水体,偶尔的风吹水波的声音能够让人们感觉到心理上的宁静舒适。

乡村声景观的设计中采用水声景观的设计,能够起到掩蔽噪声的作用,利用流水声来减少外界噪声干扰,形成一个相对宁静的氛围,能够安抚人的情绪。流水是指能产生声响的水体,它是在一个渠道中、由于重力作用或机力推动而产生的处于流动状态的水。对于拥有丰富水资源的富水乡村,可以利用地形的高差,在声景设计中引入流水。喷泉也是水声景观设计之一,其是利用压力使得水从喷泉喷嘴喷向天空,到一定高度后落到水面产生水声。这些水体设计均可以根据其各自的特点,结合景观设计加入乡村声景的设计中。在水声景观的设计中,对于静态的水景观如水池等,主要以视觉感受为主,而动态水景观如喷泉、流水等则应兼顾视觉和听觉的感受。

富水乡村中的水景从来源上可分为两类:一种是借景,另一种是造景。前者是在村庄规划过程中创造水景观,将天然的水资源借过来;后者是指人工造出的水景。滴水声、溪流哗哗声、瀑布声和喷泉声等都可以应用到富水乡村水景观的设计中。水景观的创造相对来说花费并不大,只需要充分利用富水乡村中丰富的水资源,在合适的位置布置适当的水声景观。

3）乡村击打、鸣叫声景观的营造

在富水乡村中，植物资源非常丰富。植物能够作为天然的隔声屏障，根据相关研究，超过 10 m 宽的绿化林带能够降低噪声达 4～5 dB 左右。不同植被覆盖的绿化带对噪声的衰减能力也不相同，绿化带的吸声降噪性能与林带中植被种类，树种的混合搭配，林带的宽度、高度以及种植密度等有关，也受到季节和气候变化等因素的影响。有研究表明，在传播到林带的声能中，反射、透射、吸收等各个部分所占的比例和树叶的密度有关。针对绿化带降噪的特点，在靠近公路等噪声源的地方要留有足够宽度的绿化，合理地配植灌木、乔木、草地等形成绿化带，空间上垂直分布，高矮搭配，乔木最好选用枝叶浓密的树种，这样的绿化带降噪效果非常理想。

富水乡村区域内的绿化形式有绿岛、块状绿地、带状绿地等形式，从位置上可以分为道路绿地、宅旁绿地等。绿岛的形状主要有圆形、方形等各种组合体，主要分布在宅间或路旁，如花坛、花池等，该类型绿岛物理降噪效果不大，主要从心理上改善噪声对人的影响。块状绿地的降噪效果主要取决于绿地的面积和绿地的种植结构，其位置一般在宅前空地上，如村中宅前菜地、大面积草坪等，乡村中的宅间绿地一般植物结构比较单一，对噪声衰减的效果不大。但是对整个居住区而言，能够丰富居住区的绿化结构，增大绿化面积。

在乡村居住区中,增大居住区的绿化率、改善绿化结构能够吸引鸟类和昆虫等各种小动物,从而增加居住区的自然声元素,改善乡村居住区的声景观。丰富的植被资源也是各种小动物如蝉、青蛙的栖息地,为乡村引入蛙鸣、蝉鸣等动物声音。"蝉噪林愈静,鸟鸣山更幽""今夜偏知春气暖,虫声新透绿窗纱"等古诗词表明自古以来鸟叫、虫鸣等自然声一直受到人们的喜爱。乡村对于鸟类、鸣虫的生存具有得天独厚的自然条件,道路两旁的绿化带中的鸟鸣、虫鸣声在一定程度上可掩蔽道路交通噪声等背景噪声源。植物还可以借助风雨等自然因素产生风吹树叶沙沙声、"雨打芭蕉叶带愁"等击打声景观,丰富整个村庄的声景观。

4.6　道路交通生态化设计

道路交通生态化设计包括乡村道路系统规划、路面整治以及生态停车三个部分。道路系统规划主要梳理环村机动车道与村内巷弄;路面整治措施明确乡村道路材质、设施的生态问题;生态停车则解决农机车辆与外来车辆的停车问题。道路交通生态化设计系统分析乡村道路的生态化途径,对生态养生型美丽乡村建设具有重要意义。

4.6.1　道路系统规划

乡村道路应顺应地势,力求形成合理的道路骨架、明确的道路功能,创造方便、快捷、通畅的道路系统。由于现实路线较短,交叉口多,转弯半径达不到规范要求,也无法对住户进行拆迁,根据实际道路现状进行局部调整进行设计。路线设计还应重视平纵组合设计,避免不利组合,确保行车安全。

(1)道路等级技术标准。等级与标准不同,其承载的性质也在变化,规划设计标准一般参照城市支路。在美丽乡村设计中一般将街巷分为三个等级,即分为主街道、次街道与甬道。主要街道一般为 4.5～5 m,路两边考虑边沟或地下排水渠道;次街道一般为 3 m;甬道承担的交通量小,一般宽度小于 2.5 m。乡村设计参照道路设计规范多为四级公路标准,可采用双向单车道,道路设计速度宜为 10～30 km/h,条件受限制时可局部路段限速,应注意路线指标的均匀性。

(2)道路整体设计准则。乡村道路的建设应与乡村自然肌理相符合,总体原则是宜窄不宜宽,宜弯不宜直,宜短不宜长。道路的宽度、线型、路面等应与乡村的尺度相吻合,有完善的道路绿化、排水、行车安全等设施。乡村道路示例见表 4-9。

表 4-9   乡村道路示例

道路与村庄自然肌理相符合	道路有完善的绿化、排水、安全等设施
道路宜弯不宜直	道路宜窄不宜宽

4.6.2   路基路面设计

乡村交通流量较大的道路采用透水率较高的硬质材料路面,也可采用沥青、块石、混凝土砖等材质路面,还可采用天然卵石、石板、废旧砖、沙石路面等,既可以加强乡村道路的乡土性和生态性,又可节省造价。具有历史文化传统的乡村道路

路面宜采用传统建筑材料,保留和修复现状中富有特色的石
板路、青砖路等传统街巷道。见图 4-33。

图 4-33　路面生态化铺装材质

路基路面设计应遵循"因地制宜、就地取材、方便施工"的
原则,选择结构合理、技术经济可行、降低噪声、施工方便、维
修养护便利且适用于本地区特点的路面结构形式,并积极采
用新技术、新工艺进行路面结构设计。以下为路基设计标准:

① 路基路面应根据道路功能、道路类型、交通量,结合沿
线气候、地形、地质及路用材料等自然条件进行设计,保证其
具有足够的强度、稳定性和耐久性。同时,路面面层应满足平
整和抗滑的要求。

② 路基必须密实、均匀,应具有足够的强度、稳定性、抗变形能力和耐久性,应结合气候、水文和地质条件,采取防护措施,以保证路基稳定。

③ 路基工程应遵循节约用地、保护环境的原则,减少对自然、生态环境的影响。

④ 路基断面形式应与沿线自然环境和乡村环境相协调,避免深挖、高填。

⑤ 路基合理利用当地材料,优先选择工业废渣混合料、建筑市政废渣等废弃材料。循环利用材料重量占基层材料总重量的比例不应低于10%。

⑥ 路基设计应重视排水系统、防排水设施和防护设施的设计。

⑦ 对于特殊地质和水文条件的路基,应查明情况,分析危害,结合本地成功经验采取综合措施,增强工程可靠性。

⑧ 填方路基应分层铺筑,均匀压实。路基压实采用重型击实标准,压实度应满足规范要求。

4.6.3 指路标志

为提高乡村道路的利用率和通行效率,有必要对特色乡村的交通指路系统进行优化设计。道路交通指路标志设计主要包括点位布置和版面设计两大内容。对道路交通指路标志点位布置时,首先需确定出行到达阶段的范围,以划定需要设置旅游景点交通引导标志的范围;在确定驾驶出行到达范围的基础上,分析乡村客流的主要来源,结合驾驶出行心理与周边道路路网,确定驾驶员达到阶段范围起点;通过调查驾驶员出行路径信息,确定到达各乡村的主要路径;根据对驾驶人出行心理的分析,及对地点路网密度、路网通达程度和知名度等因素的考虑,确定需要做出决定行驶路径方向的驾驶决策点,结合旅游交通路径规划,综合考虑驾驶员的出行心理与信息需求,筛选路径中的关键决策点;结合驾驶员行驶路径、决策点位置、道路等级与线形、交通量大小、运行速度,确定支路标志点位等选择引导标志的设置方式与设置位置。最后,综合各指路路径的设置要求,确定各设置点位的版面内容。

为符合休闲养生型美丽乡村的特点,指路标志材料均应以木质为主,且高度不宜太高,一般在 2~3 m 之间,且版面内容主要以为休闲养生活动指明方向为主,对车速和目的地距离不作过多要求。

4.6.4 生态停车

传统的混凝土停车场形成热污染且无绿化率,车辆在阳光下暴晒,导致车内温度很高。除温度方面的负面影响外,混凝土铺面的停车场还有灰尘、粉尘等污染源,而且大量的雨水资源无法回收再利用。生态停车场是一种既能满足车载需要又能改善生态环境的停车场。它的特点是用乔木形成绿荫和用透水材料作为地面铺装材料,有效缓解车内高温,节约空调降温消耗的能源,减少温室气体 CO_2 的排放。

1）停车选址

可沿乡村支路相对集中设置停车场地或路边停车；规模
较小的乡村可结合乡村出入口，选择靠近乡村边缘地带设置
集中停车场地；散点分布的乡村结合自家院落分散停车；规模
较大乡村的停车场宜分散布置，特别是河流较多的乡村，应结
合水体的分隔，分片布置。

2）种植设计

停车场周围树种的选择应考虑树形本身的遮阴效果，以
达到夏日降低车内温度的要求。分枝点高、枝条韧性强的树
种有利于车辆的安全行驶，同时要考虑抗性强、病虫害少、根
系发达、易于移栽的树种。为了节约养护成本，耐干旱和耐瘠
薄树种也应考虑在内。

以乔木为骨干树种，常绿和落叶乔木相间种植，底层分布
花灌木球和草皮于车位之间绿化带及周边，构成丰富的植物
群落结构，或采用乔木和微地形草坪相结合的方式形成自然
开敞的景观空间。

常绿和落叶乔木混植，形成丰富的季相变化。合理搭配
花灌木，突出点景，充分利用微地形草坪空间，总体上强调植
物景观的连续性和层次感。

3）基质结构设计

从工程角度考虑，生态停车场的地面需要荷载系数大、透

水性强、导热性好、能达到节能减排目的的材料。目前停车场应用的铺装材料是嵌草砖、植草格、透水砖。从性价比方面衡量,生态停车场的地面材料推荐使用透水砖。

停车场透水地面铺装设计时,可考虑在地基的黏土中添加适量炉渣并在地基上铺设约 10 cm 厚的天然沙砾层,这可以改善基层的透水和含水性能,延长透水地面的使用年限,对调节乡村小气候、保持生态平衡起到良好的效果。

4)设计标准

生态停车场内设置的停车位隔离绿化带的宽度应不小于1.5 m,乔木树干中心至路缘石距离应不小于 0.75 m;乔木种植间距应以其树种壮年期冠幅为准,一般以不小于 4.0 m 为宜。停车场边缘应种植大型乔灌木,为停放车辆提供庇荫保护,并起到隔离防护和减噪的作用。

植物的布局要在不妨碍交通的前提下种植,不影响车辆停放和进出场地并处理好交通与植物景观的关系。植物种植设计可采用通透式栽植。尤其在停车场出入口不能妨碍司机的视线,在与乡村街道相通的停车场路口,在距机动车路面0.9~3.0 m 的范围内,尽量不种植高大乔木,使司机视野开阔,及时避让。同时,在停车场道路岔口处不宜配植妨碍视线的乔灌木,绿化带高度不应超过 60 cm。

停车场不应有裸露土地,以发挥植物最大的生态效益。停车场地面应保证透气透水性,使雨水能够及时下渗。在渗水砖砌块或混凝土预制砌块的孔隙或接缝中应栽植草皮。砌块厚度应不小于 100 mm,植草面积应大于 30%。砌块孔隙中种植土的厚度以不小于 80 mm 为宜。为使草皮免受车辆和行人的践踏碾压,种植土上表面应低于铺装材料上表面 10～20 mm。植草铺装排水坡度应不小于 1.0%。乡村生态停车场示例见表 4-10。

表 4-10　乡村生态停车场示例

机动车道采用柏油路面,并沿路种植树木。

人行道、非机动车道采用石板、青砖或鹅卵石等乡土材料铺设。

停车场选用渗水砖砌块,间隙中栽植草皮。

第5章

生态养生型美丽乡村
建设集成技术应用实例

5.1 农房与院落综合改造技术应用

5.1.1 地点概况与现状问题

　　生态养生型美丽乡村建设集成技术应用实例选择江苏省南京市溧水区洞东村。洞东村改造前状况如下：①全村共117户512人，归溧水区蒲塘镇管辖。据调查，村中60％的住户已在溧水区中心购房安家，导致该村庄现有常住人口较少。同时，由于青壮年外出务工，村中现多为老幼留守。②村中原有小学、初中，但由于教育资源的集中，如今村中适龄儿童均选择到蒲塘镇上的学校上学，高中则选择到溧水区中心的学校上学,故而村中教育用房大多空置。③途经村庄的主干道为明线,常有大型卡车、客车经过,是交通较繁忙的道路,其余均为村中的小路,约有 5 m 宽,主要用于行人和电瓶车;但节假日外来车辆较多,常会停满道路。④涧东村相对来讲是规模较小的自然村落,并无相应的医疗站点。村中如有疾病多到附近的蒲塘镇社区医疗站点就诊。⑤文娱设施主要以村中散落的体育锻炼场所、街心小广场为主。

根据乡村背景现状,采用综合改造技术将现有乡村农房与院落改造成生态养生型农房院落。对乡村农房室内、院落进行现场详细调研与测绘,分析存在问题,明确提出改造设计目标。

基于调查结果,发现被调查的农房存在问题如下:

(1) 主体建筑与厨房空间分离。

(2) 入口空间(阳光房)与晾晒、储藏空间混杂。

(3) 餐厅等空间采光不足。

(4) 无舒适的老年人活动、青年人棋牌空间。

(5) 室内洗衣空间狭窄。

以此确定农房改造方向为室内通风、屋顶采光、室内功能整合置换、卫生间厨房适老化设计。

通过调研,发现农房的院落空间存在问题为:

(1) 杂物堆放混乱无序。

(2) 缝隙空间消极利用。

(3) 养鸡位置不佳。

（4）晾晒空间未规划。

以此确定农房院落空间的改造方向为储藏空间整理、风雨连廊加建、洗衣晾晒规划。

5.1.2　休闲型农房与院落示范方案设计

根据调查农房现状问题进行了针对性方案设计，主要从通风、采光、空间利用、储物模块等方面提出改造，如图 5-1、图 5-2。

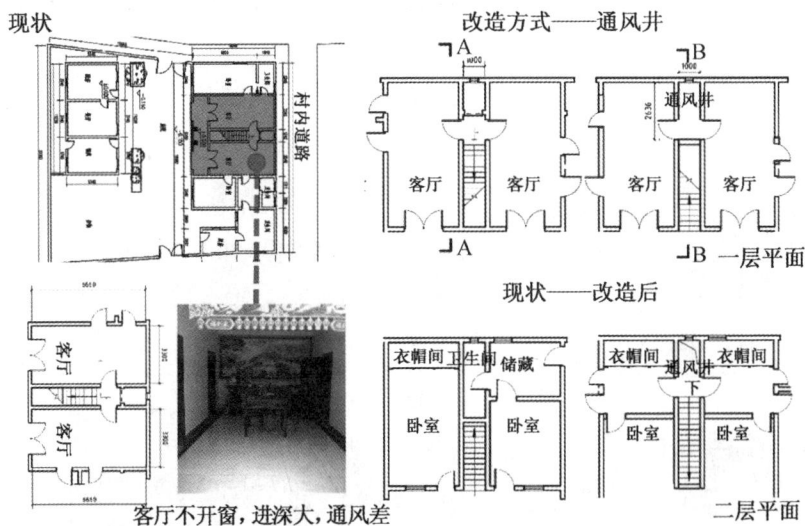

图 5-1　生态养生型农房改造设计方案（通风改造 1）

生态养生型院落改造方案主要从风雨连廊、晾晒花架、功能模块等方面提出改造设计，如图 5-3。

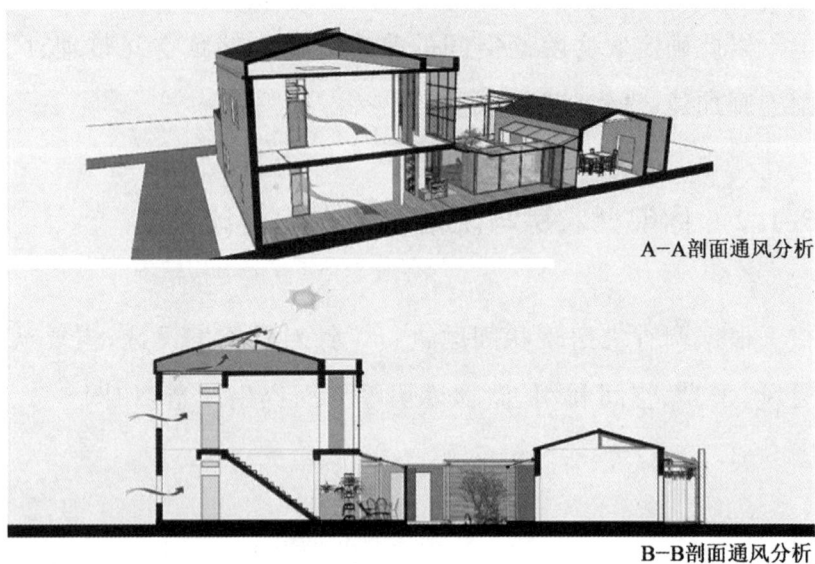

A-A剖面通风分析

B-B剖面通风分析

图 5-2　生态养生型农房改造设计方案(通风改造 2)

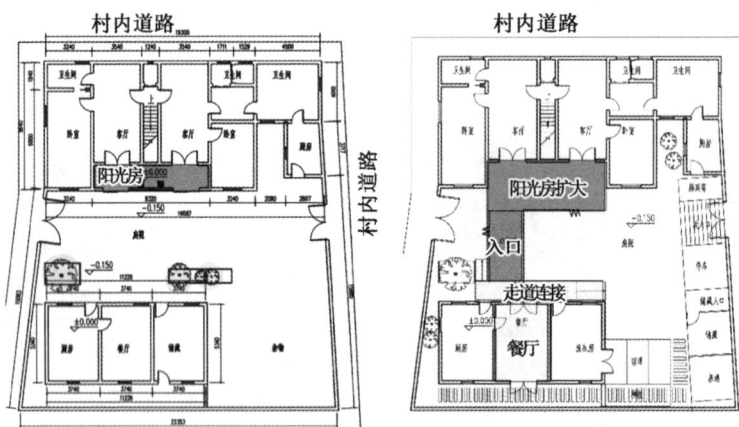

图 5-3　休闲型院落改造设计方案(风雨连廊)

5.1.3　生态养生型农房院落模块化改造效果

基于提出的农房与院落改造设计方案,涧东村农房院落采用优化生成模块化改造方案(图 5-4)。

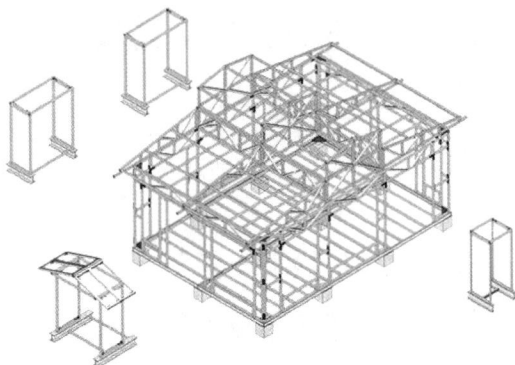

图 5-4　美丽乡村农房院落模块化改造示意图

通过模块化改造,形成了如下效果:

1)健康安全

按照上述针对性方案设计改造后,房屋系统安全可靠、健康舒适、经久耐用。同时,为了保证建筑的保温隔热性能,被改造农房墙体和屋顶需采用内外两层复合围护体,图 5-5 展示了房屋外墙材料,分别安装在 60 mm 方钢管结构构件的两侧,内、外围护体之间形成了封闭空气腔。内、外围护体均采用外侧覆有铝箔的聚氨酯保温板作为内芯,可以防辐射热,加强了复合围护体保温隔热性能。木饰面作为围护体内面层,将性能与室内装修相结合。

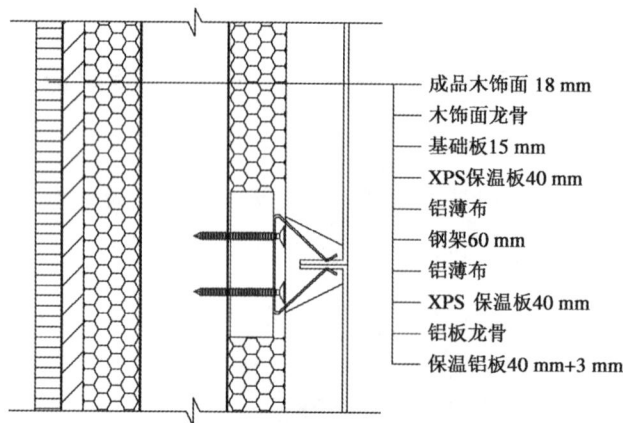

成品木饰面 18 mm
木饰面龙骨
基础板15 mm
XPS保温板40 mm
铝薄布
钢架60 mm
铝薄布
XPS 保温板40 mm
铝板龙骨
保温铝板40 mm+3 mm

图 5-5　房屋外墙材料

外围护体用竖向三角形空腔轻钢专用龙骨,将相邻外围护体铝板的边缘用线形卡扣构造卡固在一起,连接在方管结构体上。这不仅使安装过程简单快捷,而且能有效地保证外围护体的防水性和空气密闭性。屋顶面板同样采用了内填保温材料加铝箔的铝复合板,这不仅减少了房屋系统构件的类型,而且减轻了屋顶的重量,同时具有良好的耐久性,能够抵抗雨雪风霜的侵蚀。每块屋面铝板相互卡扣咬合,屋面板脊间嵌有密封胶条,并通过对穿螺丝夹紧,有效地防止雨雪渗入。在夏热冬冷地区,白色的铝板外表面有较好的防晒效果。

2）长寿命,可维修

（1）可重复利用,该房屋系统构件之间、空间模块之间均采用螺栓连接,便于拆卸重建,所以能够减少对环境的不利影响。经实验统计,该轻型房屋系统可重复周转使用 30 次以上。房屋在构件和空间模块层面重复使用,改变了构件材料回收再利用模式(回收回炉再成型再耗能模式),提高了节能减排效率。

(2)可维修,该房屋的建造过程从一开始就是一种分类、选择与合作的过程,即将各种建筑构件、设备厂家联系协同在一起进行设计研发和建造。由于该房屋是东南大学的第五代轻型房屋系统产品,已建立起系统的构件库,只需针对项目特点从中选择合适的构件。构件产品选定之后,由厂家研发团队根据要求对产品做进一步优化。所有合作企业将各自的构件和设备产品按照构件明细表,在规定的时间内将构件送到装配工厂,进行空间模块的组装。构件组与构件组之间彼此组装并相对独立,便于拆卸,当某一构件或设备出现质量问题时,通过构件的替换来维修,不影响房屋正常运行。室内管线、设备及灯具露明布置,以方便维护维修和快速拆装。

(3)长寿命,该项目的结构技术采用了具有自主知识产权的框式结构体快速安装技术,保证了拆卸与拼装过程中房屋构件的刚度,可以实现高速拆装且无折损,能重复周转使用,因而具有长寿命的特征。主结构体和坡屋顶结构体分别由 60 mm×60 mm 的方钢管与独立节点用螺栓连接成空间立体框架,具有很强的结构稳定性,抗结构变形,从而满足运输、装配、使用过程中多种工况受力的需要。各标准空间模块之间螺栓连接固定后,还能够获得更大的整体强度。空间模块在工厂预制,施工现场能快速形成房屋支撑结构,并能高效实现多个模块之间的对接拼装且拼缝密闭可靠。

3）绿色低碳

（1）工业化建造实现低碳绿色建筑目标，从研发设计、材料构件加工、构件装配到现场吊装均全面实现工业化、装备化和机械化。采用低排放建材，材料近95％可回收利用。空间模块组装完成后整体运送到建筑现场，逐个吊装连接，完成整个房屋系统的装配，整个装配过程清晰有序。约80％的工程量在工厂完成，减少了施工现场粉尘、垃圾、噪声排放量，提高了施工现场的整洁度，减少了对环境的施工污染。

（2）由于该轻型房屋系统自重较轻（$200\sim250$ kg/m²），所以对建造场地只需做基本的处理即可安放基座基础构件组，最大限度地降低了对环境的不利影响，是一种环境友好型的绿色房屋产品。同时可调基础可以快速形成安装平面，实现工地、工厂并行施工，节省工期。

通过碳排放计算（图5-6），在100年碳排放评价期内，该房屋的碳排放量呈抛物线下降的趋势。这是因为在100年内，寿命30年的建筑共完成3次全生命周期，50年的建筑完成2次全生命周期，其中设备更换1次；100年的建筑完成1次全生命周期，其中设备更换3次，围护体更换1次。所以，长寿命建筑具有低碳性，延长建筑的使用寿命是最大的节能减排产品。房屋系统中的结构体、围护体、设备体都是独立构件组，而且构件之间全部通过螺栓连接，方便拆卸维护与更换，这就为长寿命设计提供了技术支持。同时，系统中尽可能采用了低排放、可回收的建材，进一步降低了资源和能源消耗。经测算,该房屋系统单体能耗水平达到节能 65％以上,可再生能源利用率达到 20％以上;利用基于建筑信息综合集成的全寿命周期低碳控制技术,轻型建筑体系在全寿命周期内比传统建筑体系减排 30％以上。

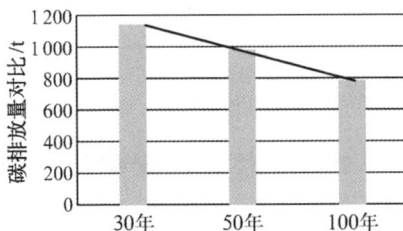

图 5-6　100 年评价周期内(30、50、100 年寿命)
　　　　 碳排放总量对比

4)人文与文化

该类型房屋室内实现了通用性大空间,在此基础上进行多功能划分,用可变家具达到各功能空间灵活分隔,实现空间可变性和适用性,在不同使用功能之间可以快速切换。

5.2　其他分散改造技术应用

生态养生型美丽乡村建设技术中,涉及多种分散改造建设,如分散生物滞留系统污水处理技术、绿地改造、水塘修复、生态护坡改造等,其特点是工程分散布置,尽量减少占地、减少对村民生活的影响,保护村内环境,保证对外交通和场内交通的畅通,方便施工材料、设备、人员的进退场。各分项工程同时施工,尽量节省工期,建筑工程与土方工程合理安排工序,减少可回收利用的土方运距。部分工程实际施工建设实例情况如下:

1) 生物滞留池(渠)

生物滞留池 1 处位于停车场绿化带,1 处位于路边绿化带,1 处位于农家菜地,2 处附属垂直绿化,3 处位于水塘旁边,位置如图 5-7。

图 5-7　生物滞留池位置图

生物滞留池是一种采用分散方法,从源头削减雨水和控制污染物迁移的高效低影响开发措施。工程建成后不仅能截留雨天道路的产流,控制洪峰流量,还可以通过土壤和植被来去除雨水径流中的污染物,减少随径流进入村旁池塘的污染物负荷。

图 5-8　生物滞留池施工现场

2) 绿地改造

绿地除了具有供村民游憩使用、美化乡村景观等作用之外,在保护和改善乡村生态环境、防治污染等方面也具有日益重要的作用。绿地改造显著提升了涧东村村容环境,带动了当地旅游业的发展(图 5-9)。

图 5-9　分散改造绿地

3）水塘修复

水塘改造后可显著看出"脏、乱、差"状态的改变,水塘修复提升水塘的蓄水、灌溉能力,同时美化村容环境,带动当地旅游业的发展(图 5-10)。

4）生态护坡工程

生态边坡建设项目分为新型耦合微生物型生态袋护坡与植物垂挂式护坡两种。耦合微生物型生态袋护坡用于土质岸

图 5-10　水塘修复前后对比图

坡松垮段,植物垂挂式护坡依托原有硬质护岸基础进行改造。特别是耦合型生态袋袋体基质内添加碎稻草、鸡蛋壳等乡村常见废弃材料,变废为宝,同时可以为微生物生长提供附着载体与缓释碳源,促进其生长,强化微生物在净水阶段的功效。

参 考 文 献

1. 辛圆.2016 年中国城镇化率达 57.35% 下一步应更加注重质量[EB/OL].(2017-02-28).http://www.jiemian.com/article/1139383.html.

2. 2016 年村镇污水处理行业现状分析[EB/OL].(2017-08-24). http://www.chinabgao.com/freereport/74996.html.

3. "2017 年国家投入 3.4 万亿用于新农村建设,农村迎来发展新机遇",263 财富网,2017,http://www.ysslc.com/caijing/caijingmeiti/232939.html.

4. 城里.美丽乡村建设十大模式[J].农产品加工,2014(5):72.

5. 柳孝图.城市物理环境与可持续发展[M].南京:东南大学出版社,1999.

6. 王娜.建筑节能技术[M].北京:中国建筑工业出版

社,2013.

7. 王梦洁.基于养生理念的居住区景观设计研究[D].长沙:
中国林业科技大学,2009.

8. 罗文华.居住环境与身心健康关系之研究[D].广州:广州
中医药大学,2013.

9. 吕晓峰.环境心理学的理论审视[D].长春:吉林大
学,2013.

10. 王凯.村庄规划中生态理念的导入研究[D].苏州:苏州科
技大学,2010.